VOYAGE
aux
PAYS ROUGES

par

UN CONSERVATEUR
rédacteur du *Français*

PARIS
HENRI PLON, IMPRIMEUR-ÉDITEUR
10, RUE GARANCIÈRE

1873

VOYAGE

AUX

PAYS ROUGES

L'auteur et l'éditeur déclarent réserver leurs droits de traduction et de reproduction à l'étranger.

Ce volume a été déposé au ministère de l'intérieur (section de la librairie) en décembre 1872.

VOYAGE AUX PAYS ROUGES

PAR

UN CONSERVATEUR

PARIS

HENRI PLON, IMPRIMEUR-ÉDITEUR

10, RUE GARANCIÈRE

—

1873

VOYAGE

AUX

PAYS ROUGES

PREMIÈRE LETTRE.

Bollène (Vaucluse), 23 octobre 1872.

On m'avait dit à Lyon : « Vous voulez voir » les radicaux chez eux ? allez à Bollène. » Je suis venu à Bollène. Vous m'avez demandé de vous renseigner sur les dispositions, les manifestations et les opérations du parti radical dans le Midi. Je ne pouvais mieux commencer qu'en venant ici. D'ailleurs — vous me pardonnerez, n'est-ce pas ? — M. Joanne déclare que Bollène est « un des spécimens les mieux conservés des » petites villes fortifiées du moyen âge ». L'archéologie ne fait point tort à la politique. Demandez plutôt à M. Vitet. Bollène, d'où je vous écris, est le premier gros bourg qu'on rencontre dans le département de Vaucluse quand, sortant du Dauphiné, on entre en Provence. C'était autrefois une des petites forteresses du Comtat; c'est aujourd'hui l'une des places fortes de la démagogie méridionale : Bollène est, depuis deux ans, aux mains d'une municipalité radicale du plus beau rouge.

Les élections municipales de l'été de 1870, faites sous le ministère du 2 janvier, au déclin de l'Empire autoritaire et avant l'oppression démagogique, avaient été excellentes pour les conservateurs. Le pays, se sentant libre après tant d'années, avait, ici comme partout, mis les honnêtes gens à la tête de ses affaires. Notre ami M. Léopold de Gaillard avait été nommé le second sur une liste fort longue. Ce fut le 4 septembre qui mit les radicaux au pouvoir. Chaque commune assista à un coup de force assez analogue à celui qui, à Paris, dispersa le Corps législatif. Les électeurs du 30 avril, à Bollène comme ailleurs, laissèrent les radicaux en possession des pouvoirs municipaux, dont ils s'étaient emparés six mois auparavant. Partout, dans ces départements du Midi, les élections du 30 avril furent détestables. La Commune à Paris tenait en échec le gouvernement. Les honnêtes gens étaient épouvantés, les radicaux comptaient sur le triomphe prochain de leur cause. La municipalité de Bollène fut envahie par une bande de démagogues qui la tiennent encore. Le plus important n'avait pour titre que d'avoir été arrêté en décembre 1851. M. Varène, — c'est son nom, — maire de Bollène, n'est pas un méchant homme : au fond, il serait tout aussi bien conservateur que radical, si dans Vaucluse, à l'heure présente, le radicalisme ne conduisait pas à tout. Ignorant et incapable autant qu'ambitieux, très-fier de l'importance qu'il a usurpée, très-honoré d'être pris au sérieux par M. Naquet et M. Gent, qui se servent de lui, M. Varène est le type de ces hommes de rien dont une révolution seule a pu faire des personnages. Le père de celui qu'on appelle aujourd'hui « Monsieur Varène » était un brave aubergiste et tenait à Bollène, au bout du pont, l'hôtellerie de la Croix-d'Or. Le fils, voulant continuer la profession paternelle et sachant qu'une bonne cuisine fait une bonne auberge, alla, dit-on, quand il était jeune, étudier l'art culinaire à Avignon. Il avait peut-être le pressentiment qu'un jour il serait maître queux du radicalisme. Vous pouvez par M. Varène juger ce que sont les conseillers municipaux de Bollène ! Sous une administration si bien composée, Bollène devait devenir un lieu célèbre : c'est Bollène qui, le 4 septembre 1871, donna pour la première fois le spectacle d'un genre de manifestation dont l'exemple depuis a été fort suivi. On prit dans un des cafés de la ville, qui en est devenu fameux, une pauvre servante qui n'était point d'humeur rébarbative et n'avait pas de préjugés réactionnaires; on l'habilla de rouge; on lui mit sur la tête un bonnet phrygien, et, ainsi accoutrée, au chant de la *Marseillaise*, on la promena de café en café par les rues de la ville comme une image vivante de la République radicale. Le commissaire de police voulut s'opposer. Le ministre de l'intérieur avait, par une circulaire spéciale, défendu toute manifestation pour cette date du 4 septembre. Mais les commissaires de police ne peuvent rien là où les municipalités sont radicales. M. Varène prit tout sur lui, prononça des discours, complimenta le grotesque et odieux cortége. Le préfet le suspendit pour un mois. L'arrêté de suspension portait la date du 20 septembre. Le 8 octobre, c'étaient les élections pour le conseil général : le maire suspendu

se présenta et rappela à ses compatriotes que
« les prisons du département avaient, en dé-
» cembre 1851, ombragé sa barbe encore nais-
» sante »; il promit que, s'il était nommé, « le
» prolétaire, cette créature du républicanisme,
» viendrait s'asseoir au banquet de l'Union, de
» la Paix et de la Fraternité... S'il a faim, la
» main d'une mère lui donnera du pain, les ci-
» toyens du travail et l'Alliance républicaine un
» logis. » Ces belles promesses, l'abstention des
honnêtes gens, honteux, découragés ou effrayés,
la faiblesse des uns, la sottise des autres, l'influence d'un parti maître de tout depuis une année, donnèrent à M. Varène ce qu'il fallait de
voix pour être conseiller général. C'était son
avénement définitif au pouvoir. Il ne manque
plus à M. Varène que d'être à la prochaine Assemblée le collègue de MM. Naquet et Gent, ses
amis. Il y arrivera. En attendant, les différentes
communes du département ont voulu avoir leur

manifestation dans le genre de celle de Bollène.
Depuis dix-huit mois, il y en a eu plusieurs.
Quand on ne trouve pas une Marianne vivante
qui se laisse promener et acclamer, on promène
une petite statue de la République avec le bonnet phrygien peint en rouge. A chaque instant,
on apprend que l'exemple de Bollène a été
suivi; tantôt on plante un arbre de liberté en
grande pompe, on tire des serpenteaux, on fait
partir des boîtes, on allume des pétards ; tantôt
on danse devant un drapeau, disposé assez
adroitement pour que la couleur rouge paraisse
seule et que les deux autres couleurs soient
dissimulées. Les grands jours, on enterre civilement le corps de quelque malheureux radical
mort à propos. Ces dernières occasions se font
quelquefois attendre. Il y a deux jours, on a encore enterré civilement, au Thor, gros village
des environs d'Avignon, un enfant de sept
mois. Ces enterrements ne se font pas sans dis-

cours radicaux prononcés avec grand éclat.

Le malheur est que M. Varène, absorbé par les soins de la politique et les soucis du pouvoir, ne peut plus cultiver ses terres, et l'auberge de la Croix-d'Or a passé dans d'autres mains. Ne pouvant plus faire ni cuisine ni agriculture, le maire de Bollène a demandé à ses électeurs de lui servir une petite indemnité. C'était le moins qu'ils pussent faire. Au moyen de collectes faites, dit-on, très-régulièrement, les radicaux du canton de Bollène constituent à leur représentant une liste civile fort respectable. On me raconte que la commune de Mondragon, qui tient à en avoir pour son argent, a imposé à M. Varène de demander au conseil général le rétablissement du calendrier républicain. M. Varène a fait une proposition dans ce sens. Vous voyez que c'est un honnête mandataire, et que, s'il prend l'argent, il rend le service. Les rédacteurs du *Rappel* doivent être contents.

Le 25 août dernier, M. Gent, qui a dans M. Varène un de ses plus chauds partisans, est venu faire à Bollène une tournée. On l'a reçu en triomphe. Il était dans une voiture ornée de drapeaux. Il y a eu banquet, musique, et l'on a tenu à l'hôtel de ville de Bollène une réunion publique. M. Gent a parlé ; M. Varène a parlé. L'écho répète encore les discours qui ont été tenus dans cette circonstance solennelle ; on a pleuré, paraît-il, sur ce pauvre Delescluze, si méchamment mis à mort par les gens de Versailles ; on a, ce qui est certain, « grossièrement insulté » l'Assemblée. C'était là sans doute le prélude du « grand banquet de la Paix, de l'Union et de la Fraternité », auquel, l'année d'avant, M. Varène convoquait le « prolétariat ». Quand le jour de ce grand banquet définitif aura lieu, nous en verrons de belles, si M. Varène tient les casseroles et que M. Bonvalet dresse les plats ! Le préfet a trouvé, paraît-il, que, le 25 août, on

était allé trop loin... ou trop vite. Par une attention délicate, il a choisi le 4 septembre pour infliger à M. Varène une nouvelle suspension. M. Victor Lefranc a approuvé l'arrêté préfectoral, et porté à trois mois la durée de la suspension. Le préfet motivait son arrêté sur ce que « M. le maire de Bollène avait été le pro-
» moteur d'une réunion publique et politique
» tenue dans la mairie de Bollène sans déclara-
» tion et sans autorisation », et sur ce que
« M. Varène avait, à cette occasion, prononcé
» un discours politique où il avait grossièrement
» insulté l'Assemblée ». Vous pensez peut-être que le préfet constatant ainsi officiellement que le maire de Bollène a « violé la loi », le parquet d'Orange a poursuivi ce personnage ? Il n'en a eu garde. Vous avez ici par un point la preuve d'un état de choses qui, me dit-on, est général. Là où le préfet est énergique, résolu, conservateur, c'est le représentant du pouvoir judiciaire

qui n'agit pas. Là où les parquets sont disposés à agir, les préfets les paralysent. Ici j'entends dire que M. Delcussot, préfet de Vaucluse, ne demande qu'à suivre contre les radicaux les exemples de fermeté que lui a laissés son prédécesseur, M. Albert Gigot, mais il a rencontré à Nîmes, dans le procureur général, M. Colonna d'Istria, la plus regrettable faiblesse.

N'allez pas croire, sur tout cela, que Bollène ait une population radicale. Il n'en est rien. Le fond des mœurs et des opinions est excellent. C'est, dans la plupart des villes du Midi où le radicalisme triomphe, le même tableau : une poignée de misérables, ambitieux vulgaires, audacieux, incapables et besoigneux pour la plupart, font la loi à une majorité d'honnêtes gens qui n'osent pas eux-mêmes s'affranchir d'une oppression dont ils ont horreur et attendent vainement que le gouvernement leur vienne en aide. Bollène, livrée à une municipalité radicale, est une petite ville toute pleine de foi. Les Frères sont encore à la tête de l'enseignement. M. Varène, qui demande au conseil général l'instruction gratuite, obligatoire et laïque, a fait l'an dernier, à une distribution de prix, le discours le plus édifiant sur l'enseignement congréganiste. Je m'attendais à trouver à Bollène les croix renversées et les églises fermées : laissez-moi vous raconter la surprise que j'ai éprouvée en arrivant ici. Bollène est à quatre ou cinq kilomètres du chemin de fer. On s'arrête à la Croisière, une petite station à moitié chemin entre Montélimar et Orange. On trouve là un omnibus qui, en un quart d'heure, conduit à Bollène. J'y arrivai hier à la chute du jour. La ville est bâtie à l'entrée de la vallée du Lez, qui vient déboucher là dans la grande vallée du Rhône. Le Lez, qui en temps ordinaire n'est qu'un filet d'eau, est ces jours-ci un gros torrent qui menace de déborder. On entend de loin le bruit des eaux furieuses. La campagne entre la Croisière et Bollène a déjà un caractère bien provençal. Quand on vient du Nord, il semble que l'on soit en Italie : peu d'oliviers, mais des mûriers à droite et à gauche de la route, à perte de vue ; des vignes, non pas soigneusement façonnées comme en Bourgogne, mais libres et grimpant follement où elles veulent, à côté des hautes tiges de maïs à demi brisées par les derniers orages ; çà et là, de longues rangées de cyprès qui donnent au paysage un aspect sévère ; à l'horizon, les montagnes de l'Ardèche, de l'autre côté du Rhône, et, de ce côté-ci, précisément derrière Bollène, les derniers contre-forts des montagnes du Dauphiné. Bollène est sur la rive gauche du Lez. Sur la rive droite, à l'entrée du pont qui conduit à la ville, une vieille église. C'est Notre-Dame de Bonne-Aventure. Au treizième siècle, les eaux du Lez débordées renversèrent cette église et emportèrent une statue de la Vierge. Cette statue était en bois. Au bout de quelques jours, quand les eaux se retirèrent, on retrouva l'image sacrée ; mais ce qui est merveilleux, c'est qu'elle était gardée par un crocodile, qui — dit la légende — semblait dormir. Malgré cette attitude pacifique, l'animal fut mis à mort, empaillé, et suspendu plus tard aux murs de la chapelle reconstruite. Le peuple donna à cet événement un caractère miraculeux et fit du crocodile le gardien providentiel de la statue. Les érudits ont prouvé qu'au treizième siècle les crocodiles n'étaient point rares dans la vallée du Rhône. Chaque siècle, paraît-il, a ses radicaux. Pendant que le conducteur de la voiture, un électeur de M. Varène, près duquel je me suis placé, me raconte tant bien que mal, mais fort pieusement, cette légende, la voiture entre en ville. Une statue, en pierre celle-ci, et dans le goût du dix-huitième siècle, se dresse à la

porte de Bollène, devant l'auberge de la Croix-d'Or, sur la façade de laquelle on lit encore le nom de M. Varène. Deux lumières brûlent devant la statue. Ce n'est point l'image de la République radicale, mais bien celle de la Mère de Dieu. Je descends à la Croix-d'Or. Pendant que je dîne, en faisant causer mon hôtesse sur M. Varène, j'entends une petite cloche de couvent. Est-ce qu'il y a des couvents à Bollène ?
— Oui vraiment. Les Sœurs du Saint-Sacrement ont ici une maison ; elles passent en adoration le jour et la nuit, se relevant l'une l'autre. La nuit, toutes les heures, la cloche sonne, et une religieuse vient à son tour prier devant l'autel. Ces cloches n'empêchent pas les radicaux de dormir. Il est vrai qu'en 1794, les saintes filles qui faisaient partie de la communauté de Bollène furent guillotinées à Orange. Elles avaient été condamnées parce qu'« elles parlaient re- » ligion entre elles, et regrettaient l'ancien ré-

» gime ». Elles allèrent à la mort en chantant des cantiques. L'histoire a conservé leurs noms : on y remarque ceux de dame Ripert d'Alausier, de Madeleine de Guilhermier, de Susanne de Gaillard, de Marie Blanc et de Susanne Deloye. Cette Susanne de Gaillard serait-elle une tante de Léopold de Gaillard? En tous cas, je n'ai pas vu le nom de Varène dans le martyrologe du couvent. Ce matin, en visitant la vieille petite ville, j'ai trouvé des statues de la sainte Vierge gardant plus d'une pauvre maison, et les rues portent encore des noms fort chrétiens. Les radicaux ont pris possession de Bollène comme les crocodiles s'étaient posés sur la statue de bois de Notre-Dame de Bonne-Aventure, grâce — à une inondation. Les eaux se retirant, on retrouvera la statue intacte. Pour obéir fidèlement à la légende, je ne demande pas que, le cas échéant, M. Varène soit empaillé; mais, s'il l'était, il faut avouer que ce serait justice.

DEUXIÈME LETTRE.

Avignon (Vaucluse), ce 25 octobre 1872.

Tout à l'heure, en visitant le château des Papes, je faisais causer la vieille femme qui montre l'édifice, sur ce qu'elle savait de la tour de la Glacière. J'avais encore présent à la pensée le drame terrible de cette nuit du 16 au 17 octobre 1791 : ces malheureux prisonniers, ces femmes, ces vieillards, ces enfants de dix ans, massacrés, assommés à coups de barre de fer, poignardés, puis, tout sanglants, traînés, à demi morts, d'une petite cour basse, où le massacre avait eu lieu, jusqu'à une salle supérieure, jetés, de là, dans le gouffre de la « Glacière », y passant la nuit à hurler de douleur, et, au matin, recouverts d'une couche de chaux vive sur l'ordre de Jourdan. On montre la place où le drame commença, les escaliers et les corridors par lesquels on porta à la Glacière les malheureux à demi égorgés, la petite salle où le gouffre avait son orifice, la colonne derrière laquelle se cacha l'enfant de dix ans qui, témoin de tout, terrifié, courut le matin raconter à la mairie ce qu'il avait vu. Les souvenirs de la nuit du 16 octobre sont, après quatre-vingts ans, encore tout vifs. C'est une sombre légende qu'on se raconte en frémissant. Les descendants des assassins, qui habitent encore le Midi, ont, il y a quelques années, dû changer de nom. La conscience publique les poursuivait. J'ai vu, à Orange, un portrait de ce Jourdan Coupe-têtes. Il fut, après les massacres qu'il avait commandés, couvert en 1792 par une amnistie, et se mit à cultiver la garance. Ce fut plus tard seulement qu'il fut arrêté, jugé, et, à son tour, exécuté. Sa figure est horrible : il m'a rappelé le masque de cire pris sur Cartouche mort, et qui est au Musée de Saint-Germain. En sortant du château des Papes, je montai à Notre-Dame des Doms, et à ces jardins que Clément VI fit établir, Urbain V achever, et que M. le préfet Saint-Amand a fait relever. La vue du haut du « Rocher » — c'est ainsi qu'on appelle cette promenade papale, toute renouvelée — est admirable. L'œil suit à perte de vue le cours du Rhône et celui de la Durance. Les eaux débordées couvrent au loin la campagne; à l'ouest, une chaîne de collines plantées d'oliviers suit le Rhône, et borde le tableau; au levant, on devine, à travers la brume, les premiers sommets des Alpes. Je me retourne pour suivre du regard un long bateau à vapeur qui descend le Rhône : la vue est fermée du côté où je regarde par la silhouette de la tour au fond de laquelle s'étendait la Glacière. L'obsession des souvenirs révolutionnaires est ici tout particulièrement étrange. L'image du massacre du 16 octobre domine les esprits comme la vieille tour du château des Papes domine la contrée. On se demande si les radicaux d'aujourd'hui n'ont pas dans les veines du sang de ce Jourdan, de ce Rovère, de ce Mainvielle et de ce Duprat, les atroces égorgeurs de 1792. Qu'ont-ils à célébrer le 22 septembre, s'ils ne descendent pas de ces hommes-là ?

En redescendant, j'allai visiter le cercle des *Amis de l'ordre*. Le président est M. le vicomte d'Averton. On m'avait parlé de lui comme d'un type curieux à étudier, ne fût-ce qu'en passant, comme un de ces hommes de cœur et d'honneur qu'on est heureux de saluer, alors même qu'on ne pense pas comme eux. On ne m'avait pas trompé. Le vicomte Guy d'Averton paraît avoir soixante ans; c'est un ancien officier de marine : vêtu simplement, portant sur sa grosse tête un chapeau rond, parlant haut, le regard

ferme et droit, l'œil vif; il est bon gentilhomme
de naissance, de principes, de sentiments,
mais démocrate de manières, quoiqu'il ait en
haine la démocratie, — démocrate bien élevé,
s'entend, et sous lequel on sent l'homme du
monde. Il a le cou et les bras d'un athlète; s'il
prenait entre ses deux mains M. Naquet, il vous
l'écraserait comme une mouche entre le pouce
et l'index. Il a fondé ici un cercle dans lequel il
réunit un bon nombre d'hommes du peuple. Il
les commande comme il commandait à bord
d'un vaisseau de l'État. Impitoyable et très-
aimé, bourru et plein de sollicitude paternelle,
il traite le cercle des *Amis de l'ordre* comme un
navire dont il est le capitaine; l'équipage doit
observer la discipline, sous peine d'être mis à
fond de cale ou jeté à la mer. Il ne passe aux
« Amis de l'ordre » ni une mauvaise chanson
ni une lecture suspecte. Il exclut du Cercle
quiconque fait du mauvais esprit; le dimanche,

il conduit son monde à la messe comme à la manœuvre. En politique, le vicomte d'Averton me paraît trouver MM. de Belcastel et de Franclieu des tièdes, dont la modération est insupportable. Vous voyez qu'il le prend sur un ton où il serait difficile de faire sa partie. Ne lui parlez ni des conservateurs républicains, ni des conservateurs libéraux, ni du centre gauche, ni du centre droit, ni de la droite modérée : tout cela pour lui sent le fagot d'une lieue. L'an dernier, le vicomte d'Averton, passant dans une rue d'Avignon, voit le drapeau rouge à la porte d'un cercle radical; huit ou dix démagogues étaient devant la porte du Cercle. Le vicomte d'Averton s'approche. « Qu'est-ce que cette loque-là? » — dit-il en montrant le drapeau, — et il ajoute : « Mes garçons, je vous donne un quart d'heure pour m'enlever *ça*, ou bien je reviens et je l'enlève moi-même. » Il tire sa montre, regarde l'heure et s'en va. C'était le matin de fort bonne heure, personne n'était encore levé dans la ville. Il eût fallu plus d'un quart d'heure au vicomte pour trouver qui lui prêtât main-forte : il rencontre un de ses amis, M. de X... « Tu arrives à propos, — lui dit-il, — je cherchais quelqu'un qui voulût se faire casser les reins avec moi »; et il raconte la menace qu'il vient de faire aux radicaux. C'est une parole qu'il s'est donnée, et à laquelle il n'est pas homme à manquer. Enlever de force le drapeau rouge peut coûter cher, n'importe; il a décidé M. de X... Le quart d'heure est passé : ils se rendent au Cercle radical... Le drapeau rouge avait disparu. Le vicomte d'Averton raconte volontiers cette anecdote, et il en conclut que les radicaux de ce pays sont généralement des « lâches ». Vous pensez bien qu'en buvant un bock au Cercle des « Amis de l'ordre », il ne se gêne pas pour dire le mot. La vérité, c'est que le radical dans le Midi, très-haut parleur, trèsfanfaron, est de sa nature extrêmement prudent. De temps en temps, quand les radicaux d'Avignon menacent de faire quelque désordre, à l'occasion d'un pèlerinage, par exemple, M. le vicomte d'Averton écrit dans l'*Union de Vaucluse* que si les « républicains » bougent, ils auront « affaire à lui. » Cette hardiesse tapageuse, impérieuse et méprisante enchante les gens d'ordre, les rassure, et donne au vicomte d'Averton un véritable prestige. Il n'est pas le conseil du parti légitimiste dans le département, mais il en est le bras, et ce bras est solide. Que le gouvernement le sache bien : c'est surtout sa faiblesse qui fait la force du parti extrême auquel appartient M. d'Averton. M. Thiers se plaint, paraît-il, qu'il y a ici trop de légitimistes; il regrette que l'action exercée par les amis de M. d'Averton soit si peu favorable à la « République conservatrice ». Que le pouvoir se montre énergique, que les radicaux, désarmés par

M. Thiers, n'osent plus provoquer les honnêtes gens, sous prétexte de République ni sous aucun autre, et M. d'Averton se modérera. On l'appelle le « drapeau blanc ». Ce qui fait dans ce pays la force du « drapeau blanc », de M. d'Averton et du Cercle des « Amis de l'ordre », c'est le drapeau rouge.

Il n'y a pas ici d'opinions moyennes : il y a des « blancs », il y a des « rouges ». On habite à la cave ou au grenier. Les légitimistes se vantent de faire de la politique « intégrale », c'est leur manière d'être « radicaux ». Les « bleus », comme j'entends dire dans le Midi, sont une imperceptible minorité. Aux dernières élections, quelques conservateurs, à la tête desquels se trouvaient MM. Verdet, d'Avignon, essayèrent entre les « blancs » et les « rouges » la constitution d'un tiers parti : ils échouèrent. Il y a bien cependant des légitimistes extrêmes et des légitimistes modérés;

les premiers sont représentés par le journal l'*Union de Vaucluse*; ils ont leur quartier général à Avignon, au cercle « des Amis de l'ordre »; les seconds sont représentés par le *Comtat*; leur quartier général est à Carpentras, au cercle de « la Concorde ». Tous les partis ont d'ailleurs ainsi leur cercle, espèce de café dont les statuts établissent certains liens entre les « consommateurs » habituels.

Les radicaux extrêmes du département sont plus particulièrement représentés dans Vaucluse comme à l'Assemblée nationale par M. Naquet, le vrai chef du parti, et par M. Gent. M. Gent, qui passe ici, à tort ou à raison, pour « avoir l'oreille de M. Thiers », déclare qu'il pense absolument comme M. Naquet sur toutes les questions politiques importantes, et qu'il poursuit le même dessein. M. Naquet, plus jeune que M. Gent, mène tout et donne le branle. Les radicaux modérés ont plus particulièrement pour représentants MM. Pin, Henri Monier et Taxile Delord. Si ceux-ci sont les modérés, jugez des autres. Aux dernières élections, MM. Pin, Monier et Delord ont eu plus de voix que MM. Naquet et Gent. M. Pin a eu 35,083 voix, M. Monier 34,995, M. Taxile Delord 34,892, tandis que M. Gent n'a eu que 33,665 voix, et M. Naquet 32,592. On m'assure que si de nouvelles élections avaient lieu maintenant, MM. Naquet et Gent passeraient en tête de la liste, à une grande majorité. Une partie des radicaux refuseraient au contraire leurs voix à MM. Pin, Monier et Delord, généralement accusés de « modérantisme » et à ce titre fort suspects.

M. Naquet n'est guère connu de nous à Paris que comme professeur de théories d'un matérialisme immonde, condamnées par les tribunaux, et pour l'affaire scandaleuse des canons, si courageusement dévoilée par M. d'Audiffret-Pasquier. Ici, M. Naquet est surtout connu pour la violence de ses opinions révolutionnaires, et

l'adhésion très-formelle qu'en mars 1871 il a donnée à la Commune. Dans les derniers jours de mars, la *Démocratie du Midi* publiait le résumé d'un discours que M. Naquet avait tenu à ses amis politiques d'Avignon : « Hier encore, —
» leur disait-il, — j'étais contre toute tentative
» de mouvement; un mouvement me parais-
» sait regrettable, parce que, vaincu, il devait
» avoir pour conséquence le rétablissement de
» la monarchie, et, vainqueur, il pouvait nous
» exposer à des complications du côté des Prus-
» siens. Mais le mouvement que nous devions
» éviter a eu lieu, provoqué par les réaction-
» naires de l'Assemblée. S'il échoue, la Répu-
» blique est perdue; s'il triomphe, il ne nous
» expose qu'à des dangers incertains. Entre la
» République représentée par Paris et la réac-
» tion représentée par Versailles, l'hésitation
» est impossible; *il faut se prononcer pour Paris.* »
Sous l'inspiration de M. Naquet, la *Démo-*

cratie du Midi publiait, le 28 mars, une note dans laquelle elle expliquait ainsi la conduite des « républicains » d'Avignon. « On n'a pas
» cru, — disait cette note, — devoir à Avi-
» gnon établir la Commune, ni arborer le dra-
» peau rouge, qui est en somme, et quoi qu'on
» en dise, le drapeau originaire de la nation.
» *Les républicains d'Avignon, dans leur sagesse,*
» *ont jugé que l'heure n'était pas venue.* » Enfin la municipalité d'Avignon publiait une proclamation dans laquelle elle déclarait que, « s'il y
» avait lieu pour elle, *en raison de son éloignement*
» *de Paris*, le cœur et la capitale de la France, et
» même du monde entier, de ne pas se pro-
» noncer pour une révolution à laquelle l'im-
» portance secondaire de la ville d'Avignon ne
» lui permettait pas d'apporter un *concours*
» *effectif...*, elle croyait de son devoir de pro-
» tester hautement contre les tendances mo-
» narchiques de l'Assemblée de Versailles, qui

» étaient de nature à faire pressentir une lutte
» intestine qui afflige tous les bons citoyens. »
Plusieurs des signataires de cette pièce honteuse sont aujourd'hui conseillers municipaux d'Avignon. M. Thiers déclarait à la commission de permanence, il y a quinze jours, que le fait de M. Gambetta promenant ses attaques contre l'Assemblée dans l'Isère et dans la Savoie, était un fait isolé. M. Thiers ne sait-il pas que M. Naquet et M. Gent ont fait depuis cinq semaines dans ce département une tournée d'agitation radicale pareille à celle que n'a pas achevée M. Gambetta? M. Thiers ne sait-il pas que MM. Naquet et Gent ont dans cette tournée professé, proclamé, propagé, le plus souvent avec le concours des autorités municipales, les doctrines dont la *Démocratie du Midi* et la municipalité d'Avignon acceptaient la responsabilité criminelle au printemps de 1871? Jugez quelles doivent être l'émotion des conservateurs et leurs

appréhensions quand ils voient M. Naquet et
M. Gent braver impunément l'autorité du gouvernement et de l'Assemblée, les partisans de la
Commune occuper les fonctions municipales, et
l'administration préfectorale désarmée, ne pouvant rien empêcher, tandis que les radicaux font
dire tout bas que M. Thiers est absolument d'accord avec eux. Faut-il, après cela, s'étonner que
les honnêtes gens regardent du côté de M. le vicomte d'Averton et se demandent si le salut ne
doit pas venir d'où l'attendent les membres du
cercle des « Amis de l'ordre »? Ce n'est pas en
favorisant les radicaux que M. Thiers ramènera
à lui des monarchistes. On s'est préoccupé, à ce
qu'il paraît, à la présidence, du cercle des
« Amis de l'ordre » et de l'existence de ce cercle. Le vrai et le seul moyen de désarmer
M. d'Averton et ses amis, c'est de retirer aux
radicaux les armes que laisse entre leurs mains
une politique d'ambiguïté et d'équivoque.

TROISIÈME LETTRE.

Marseille, 27 octobre.

Enfin, après toute une semaine de pluie impitoyable, j'ai trouvé à Marseille le beau temps. A peine arrivé, j'ai couru aux Catalans, là-bas, à cette petite pointe d'où la vue est si belle sur la mer, les îlots du château d'If, les rochers de Pomègues, la Joliette, les crêtes pelées du Margiou, et à gauche, du côté de l'Italie, sur les dentelures du mont Puget. Il me semblait que je n'avais jamais vu la Méditerranée si bleue, le ciel si limpide, si doux, si profond, l'horizon de Marseille si radieux. Les cabanons des Catalans sont tous déserts; les restaurants sont fermés, les baraques de l'établissement de bains sont closes; les belles villas du Prado n'ont plus d'habitants, et les feuilles des platanes commencent à jaunir dans la grande allée. L'approche de l'hiver a fait rentrer en ville les petits bourgeois, amis de la Cannebière. Les Catalans n'en sont que plus charmants. On y est seul. On peut, si l'on ne regarde que la mer et les rochers contre lesquels elle vient battre, se croire à la Spezzia, à Porto-Venere ou à Sorrente... Chut ! si un Marseillais m'entendait ! Est-ce qu'aucun site en ce monde peut être comparé aux Catalans ?

Ce qui ne peut être comparé qu'à la pire espèce de tyrannie, c'est l'état auquel est aujourd'hui réduit Marseille. Depuis deux ans, la malheureuse ville a connu toutes les formes du radicalisme. Quelle histoire on m'a racontée ! Quels personnages on voit défiler quand on passe seulement deux heures dans quelqu'un des grands cafés de la Cannebière ! Du 5 septembre 1870 au 4 avril 1871, ç'a a été ici une longue débauche sanglante et terrible, une immense bacchanale, sinistre et grotesque, où la comédie était mêlée au drame, les infamies aux cruautés : le lendemain de la révolution du 4 septembre, il sortit de dessous les pavés de la Cannebière toute une armée de coquins, originaires de tous les bouts du monde. On vit un proxénète, Job, le mulâtre, s'installer à l'hôtel de la préfecture, y prendre le commandement d'une bande, la costumer d'uniformes grotesques, s'intituler « commandant de l'ordre » et garder le proconsul Esquiros; non content de sa garde nationale, celui-ci voulait cette garde civique. On l'eût appelée « prétorienne » si le Gouvernement de la défense nationale n'eût pas été, du commencement jusqu'à la fin, le gouvernement des euphémismes. Cette garde civique, en habitant les salons fastueux du palais de M. de Maupas, y a laissé derrière elle une telle odeur de cabaret et de tabagie, que tout à l'heure j'en croyais sentir encore l'arrière-goût en allant voir avec notre ami Magaud les belles peintures qu'il achève dans les salons consacrés jadis aux réceptions préfectorales. La consommation de préfets et de dictateurs que fit en six mois cette démagogie ignoble est incroyable. On eut Delpech ; on eut Esquiros; on eut Gent ; on eut Salvetat; on eut le malheureux amiral Crosnier ; on faillit avoir Gaston Crémieux. M. Levert, le dernier préfet de l'Empire, avait commencé à exciter à Marseille les passions démagogiques contre la bourgeoisie. Il laissa à ses successeurs le soin d'éteindre un incendie qu'il avait allumé. A l'heure où il est, ce feu brûle encore. Quand M. Gustave Naquet fonda ici le *Peuple*, on raconte que ce fut au grand contentement de M. Levert, alors préfet, aujourd'hui député « conservateur » du **Pas**-de-Calais; on assure aussi que M. Bouchet, le député radical d'à présent, fut fort encouragé par le préfet des Bouches-du-Rhône sous l'Empire, quand, en posant et maintenant sa candidature, il rompit l'Union libérale. Dans le Midi, on a cent exemples de fonctionnaires de l'Empire ayant soutenu ainsi contre les « anciens partis » des hommes appartenant plus ou moins à la « nouvelle couche sociale ». Cette belle tactique a été bien profitable à l'Empire. M. Barthélemy Saint-Hilaire trouverait peut-être occasion de faire ici quelques réflexions philosophiques qui ne sont pas dans Aristote. Suite immédiate et conséquence indirecte, mais incontestable, de la politique impériale dans ce département, l'émeute permanente à Marseille, du 5 septembre 1870 au 1er avril 1871, prit ce dernier jour le caractère d'une révolution ; la Commune de Marseille répondit un moment à l'appel de la Commune de Paris. Job le mulâtre, Gaston Crémieux et M. Bouchet furent quelques heures

en possession du pouvoir. M. Bouchet se retira
à peu près à propos : aussi voyez la fortune différente de ces trois personnages. Gaston Crémieux, arrêté, jugé, condamné, a été fusillé.
Job le mulâtre s'est sauvé : il est aujourd'hui
chef de cuisine dans un hôtel de Buenos-Ayres;
et M. Bouchet, député des Bouches-du-Rhône,
conseiller général du département pour un canton de Marseille, est paisiblement à la tête du
parti radical dans ces parages. Je veux croire
qu'en souvenir des événements dans lesquels
ils ont été mêlés, M. Bouchet fait parvenir quelquefois à Job le mulâtre des consolations, sinon des espérances. Mais celui-ci, dit-on, ne se
calme pas : très-irrité contre les « monarchistes »,
dont les « intrigues » ont étouffé la République
de ses rêves, il jure que, quand il reviendra,
— car il compte revenir — il coupera les
oreilles à ceux qui ont insulté son exil.

Après la crise terrible du 4 avril, on pouvait

croire que les radicaux de Marseille, à jamais compromis par leurs excès, étaient perdus. Les élections du 30 avril montrèrent triomphants au scrutin ceux que le brave général Espivent avait vaincus dans la rue. Depuis ce temps, le désordre dans les Bouches-du-Rhône n'est plus à l'état aigu, mais il est à l'état chronique, et se développe régulièrement, sûrement. Les honnêtes gens sont ici très-effrayés. On craindrait à moins. Ce qui pour moi rend, au point de vue général, particulièrement grave l'état de Marseille, ce sont les conditions dans lesquelles se trouvent les départements de la vallée du Rhône que je viens de traverser en venant de Lyon jusqu'ici.

Le sous-préfet de *** fut un jour informé que le drapeau rouge était arboré dans une petite commune de son arrondissement. Il écrivit au maire : « Monsieur le maire, je suis averti que, dans votre commune, un drapeau, emblème hideux de la Révolution, est arboré sur un édifice public; j'ai l'honneur de vous inviter à faire enlever, dans le plus bref délai, cet emblème. » Le maire répondit : « Monsieur le sous-préfet, si le drapeau de la commune de *** était, comme vous avez pris la peine de me le faire remarquer, *hideux*, c'était l'effet du temps et des pluies. Je l'ai fait remplacer par un autre, qui est entièrement neuf, et qui, je l'espère, se conservera mieux... Le maire de X... » On ne dit pas que le maire ait été destitué. L'histoire du sous-préfet de *** est-elle exacte? Elle m'a été racontée fort sérieusement, et le narrateur était très-digne de foi. Il est vrai que je ne suis pas allé interroger le sous-préfet pour savoir s'il avait vraiment reçu pareille lettre du maire de X... De telles questions sont délicates à poser. Ce qui est certain, c'est que, dans la Drôme, dans l'Ardèche, dans le Vaucluse, où je viens de passer, j'ai trouvé partout les radicaux très-satisfaits, parlant très-haut, pleins de confiance, les honnêtes gens très-humiliés, effrayés, et que tous les conservateurs que j'ai rencontrés m'ont demandé : « A quoi songe le gouvernement ? »

Les principes de la « Commune » sont, en fait, pratiqués dans toute la vallée du Rhône, depuis Lyon jusqu'à Arles et, me dit-on, dans tous les départements du littoral. Presque partout, les municipalités s'affranchissent de toute dépendance à l'égard du pouvoir central. Il y a rarement rupture ouverte, mais les fils se dénouent. On écrit de la sous-préfecture au maire; pas de réponse. On écrit de nouveau ; la réponse ne vient pas davantage. Comment savoir si c'est négligence ou mauvaise volonté ? Les différentes subventions que les communes sont forcées de fournir pour certains services, soit relatifs au culte, soit relatifs à l'enseignement, ne sont payées que cinq ou six mois après l'époque où elles sont dues. Il faut, pour les plus petites choses, que la préfecture et la sous-préfecture écrivent dix lettres et se mettent en campagne : on leur oppose l'inertie la plus malveillante. Dans un des départements que j'ai traversés, la cause la plus fréquente de conflit est la nomination des gardes champêtres. D'après la loi, c'est au préfet que cette nomination appartient. Les maires ne l'entendent pas ainsi. Presque partout, dans la semaine qui suivit le 4 septembre, le garde champêtre en fonctions sous l'Empire fut révoqué brutalement, et on mit à sa place quelque mauvais sujet radical sans emploi. Comment faire aujourd'hui pour écarter cet intrus? C'est pis que les écuries d'Augias à balayer. Le fumier ici est vivant, raisonne, proteste, se défend. Le radical en possession veut garder ce qu'il a, jette les hauts cris si on le menace de révocation. La municipalité « républicaine » se tient engagée d'honneur à défendre le fonctionnaire « républicain », victime de la réaction, des intrigues monarchistes; que sais-je? Il est si bien défendu qu'il garde sa place, prêt à servir d'agent électoral reconnaissant aux démagogues de qui il tient tout, colportant les feuilles communardes, lisant tout haut dans les cabarets l'*Égalité* de Marseille, le *Petit Lyonnais*, le *Progrès du Midi*, la *Feuille de Jean-Pierre André*, ou la *Démocratie du Midi*. Quand on se plaint aux préfets de cet état de choses, ils lèvent les yeux au ciel, et répondent tristement : « Que voulez-vous que j'y fasse? » On appelle « Mariannes », dans ce pays, de petites statuettes de la République coiffées d'un bonnet phrygien peint en rouge. Les marchands de poterie, les épiciers vendent de ces « Mariannes ». Les circonspects les vendent dans l'arrière-boutique; les audacieux les mettent en étalage. Les préfets font la guerre à ces « Mariannes ». Il est défendu aux cabaretiers et aux cafetiers de placer ces statuettes radicales dans les salles où ils reçoivent le public ; mais la même défense ne peut s'appliquer aux cercles, et les cercles « républicains » sont innombrables. Dans les Bouches-du-Rhône, une circulaire de M. Esquiros avait formellement accordé une autorisation générale et sans enquête pour la création et l'ouverture de tous les cercles. Les grands jours on porte en procession une de ces « Mariannes » au chant de la *Marseillaise*. Le thym, la *férigoule*, est l'emblème de la république radicale. Pourquoi ? Je n'en sais rien. Ce qui est certain, c'est que les municipalités auxquelles on refuse d'arborer le drapeau rouge se consolent en mettant un bouquet de thym à la hampe du drapeau tricolore. Les maires de campagne viennent à la sous-préfecture, une branche de thym passée dans le ruban de leur chapeau rond. Les officiers municipaux doivent-ils porter l'insigne de leurs fonctions en ceinture ou en sautoir? Dans la Drôme, on me raconte que la question est tranchée différemment par la préfecture et par les municipalités ; il y a là pour les maires un petit moyen de braver le pouvoir central : ils ne manquent pas de s'en servir. Ils portent leurs insignes en écharpe si l'administration veut qu'ils les portent en ceinture : c'est au moins cela de gagné. Aux fêtes de village, il y a toujours occasion de disposer quelque part des drapeaux. Le grand talent consiste à arranger les drapeaux de telle façon que des trois couleurs la rouge soit la seule qui paraisse. Si par hasard quelque malheureux gendarme préposé à la surveillance de l'ordre s'avise de vouloir changer la disposition des trophées, on fait en sorte que tout lui tombe sur la tête, et Dieu sait si on rit de bon cœur. La loi exige que les conseils municipaux ne se réunissent, à l'exception de certains cas, qu'en vertu d'une autorisation spéciale du préfet. Les radicaux ont imaginé d'employer, pour tourner la loi, le moyen dont font usage les conseillers généraux qui envoient des adresses à M. Thiers. Les conseillers municipaux se réunissent, eux aussi, hors session, délibèrent, et se moqueraient fort agréablement du préfet qui se mêlerait de critiquer cette manière d'opérer : on le renverrait à M. Barthélemy Saint-Hilaire. De temps en temps, M. le ministre de l'intérieur prescrit aux préfets de surveiller les manœuvres de l'Internationale et de lui rendre compte des entreprises de la démagogie socialiste dans leurs départements respectifs. M. Victor Lefranc oublie que les préfets et les sous-préfets sont privés, par l'hostilité des municipalités, de tout moyen d'information. Les commissaires de police cantonaux ont été supprimés. La gendarmerie, quand on lui demande des renseignements à la préfecture ou à la sous-préfecture, répond le plus souvent par la citation de l'article 119 du décret du 1ᵉʳ mars 1854 : aux termes de cet article, la gendarmerie ne peut être « ni directement ni indirectement chargée d'aucune mission occulte ». Le malheureux préfet, que le ministre interroge sur l'Internationale, écrit éploré à ses sous-préfets ; ceux-ci, pour se procurer des informations, seraient forcés de se déguiser, comme le calife Aroun-al-Raschid ; ils n'en ont garde : ils écrivent au préfet qu'il n'y a rien de suspect à leur connaissance dans leur arrondissement. Le préfet transmet au ministre de l'intérieur cette assurance satisfaisante. M. Victor Lefranc la communique à M. Thiers, et M. le Président de la République se dit qu' « il n'est pas si difficile qu'on peut croire de gouverner », et que, sous son règne, « tout est pour le mieux ». Sur ce dernier point, je ne suis pas de son avis. Si un mouvement venait, pour quelque cause, à éclater soit à Lyon, soit à Marseille, il se propagerait inévitablement dans tout l'intervalle compris entre ces deux villes. L'anarchie la plus profonde règne dans toute la vallée du Rhône sous un calme apparent.

QUATRIÈME LETTRE.

Carpentras, 26 octobre.

Ne plaisantez pas : les conservateurs de Carpentras peuvent très-sérieusement être proposés comme modèles à tous les conservateurs de France. La lutte contre les radicaux est ici soutenue par une poignée de braves gens, très-résolus, très-actifs, très-avisés, hommes de cœur, hommes d'esprit, et, ce qui est fort rare dans le Midi, modérés. C'est plaisir de les voir à l'œuvre! Les élections du 30 avril 1870 ont, ici comme à Bollène, comme à Avignon, comme presque partout dans le département de Vaucluse, confirmé entre les mains des pires démagogues le pouvoir dont ils s'étaient emparés le

5 septembre. Les élections municipales furent faites ici, à ce que l'on m'assure, sous l'empire d'une véritable terreur. Les nouvelles venues de Paris ou de Versailles étaient mauvaises pour les gens de bien, exaltaient les radicaux. Le préfet de Vaucluse était quotidiennement menacé d'être « enlevé » et jeté dans le Rhône. Presque tous les jours qui suivirent son arrivée, un « ami de l'ordre » venait discrètement le prévenir que les radicaux avaient, pour le soir même, formé le dessein de « l'enlever ». Ne trouvez-vous pas que l'avis était fort récréatif ? Je ne sais pas si le fait est vrai ; mais on le raconte ici comme historique. Le préfet ne se défendait contre ces vives alarmes, sans cesse répétées, que par un sang-froid supérieur, mais vous comprenez que dans de pareilles conditions, la présence d'un préfet énergique à la tête du département ne suffit pas pour y donner aux conservateurs un peu de sé-

curité. Vous n'avez pas oublié que les élections du département de Vaucluse au 8 février avaient eu lieu dans de telles circonstances que l'Assemblée nationale les annula dès sa réunion à Bordeaux. On avait outragé, battu, arrêté, menacé de mort les électeurs qui voulaient voter pour les candidats de l'ordre. Les élections nouvelles, les premières ayant été annulées, ne furent pas, au fond, beaucoup plus libres. Quant aux élections municipales du 30 avril, elles consacrèrent l'oppression d'une majorité d'honnêtes gens effrayés, dispersés, découragés par une minorité tyrannique et violente. Durant l'hiver de 1870 à 1871, les radicaux, sous prétexte d'organiser la défense nationale, pour laquelle ils ne firent rien, s'emparèrent du pays. Ce fut un débordement d'ambitions et de convoitises dont les inondations de la Durance ne peuvent qu'à peine donner une idée. Il faudra du temps et beaucoup de courage et de persévérance pour chasser les démagogues des positions qu'ils ont prises par force, et qu'ils retiennent par la terreur et la corruption. Le 6 septembre, M. Poujade étant devenu préfet de Vaucluse, presque toutes les fonctions publiques départementales, cantonales ou municipales furent jetées en pâture à des radicaux. Ce fut l'apparition subite de la « nouvelle couche sociale ». Carpentras eut pour sous-préfet M. Teyssier; celui-ci, ancien légitimiste, ancien candidat officiel de l'Empire, voulait racheter aux yeux des purs de la démocratie les défaillances et couvrir les irrégularités de son passé, par l'ardeur de son républicanisme. La vraie manière d'être un républicain sans reproche, c'est de ne refuser rien aux importunités républicaines. M. Poujade le comprit à Avignon, M. Teyssier à Carpentras. Tous les pouvoirs, depuis ceux du maire jusqu'à ceux du garde champêtre, furent dans chaque village partagés entre les amis de la veille, du jour et du

lendemain. Le maire d'Arles, M. Tardieu, aujourd'hui député des Bouches-du-Rhône, écrivait le 20 septembre 1870 à un de ses amis la confidence des importunités dont il était l'objet. « Je me trouve, — disait-il, — dans la position
» d'un voyageur égaré au milieu d'une forêt du
» Nord, un steppe, et poursuivi par une bande
» de loups affamés. Le malheureux cherche à
» se dérober par la fuite au danger qui le me-
» nace ; mais la course se ralentit d'heure en
» heure, et il va devenir la proie des bêtes
» fauves qui le poursuivent, s'il ne se résigne
» pas à sacrifier d'abord ses vivres, puis... une
» partie de lui-même. Dans le temps d'arrêt
» que leur voracité impose aux poursuivants,
» le voyageur trouve moyen de respirer un
» peu, et peut, après avoir repris sa course, se
» sauver enfin... C'est, passez-moi la comparai-
» son, ce que je dois faire en ce moment moi-
» même, traqué comme je le suis par les cher-

» cheurs d'emploi... Croyez-le bien, ce n'est
» pas ce qui me réjouit le plus, moi républi-
» cain, de voir que les mœurs impériales ont
» pénétré si profondément dans les couches de
» la société qu'au premier réveil de la liberté on
» entend crier : « *J'ai faim...* » Et cependant,
» après avoir constaté cet état de dégradation
» qui fait mal, il y a quelque chose de plus dou-
» loureux encore à dire, c'est qu'il **faut le**
» **subir**; c'est de là, c'est de cette **ordure**
» qu'il faut tirer de quoi sauver la France. »
Cette lettre ne vous paraît-elle pas un document
curieux de l'enquête à laquelle je me livre sur
les radicaux du Midi? Elle vous explique le
point d'appui que la démagogie rencontre ici
sur tous les points de l'organisation administrative, départementale et municipale. Les « loups »
de la démagogie carpentrassienne n'étaient pas,
m'assure-t-on, moins affamés que les « loups »
de la démagogie arlésienne, si agréablement

décrits par M. Tardieu. L'arrondissement de Carpentras fut occupé sur tous les points par les créatures des chefs du parti. Ce que les Poujade, les Teyssier, les David Guillabert, les Naquet et les Gent ont ainsi, sous le Gouvernement de la défense nationale, fait pour se créer des partisans, personne ne le saura jamais, pas même M. d'Audiffret-Pasquier, qui cependant en sait long sur le compte des radicaux du Midi et du Nord. Aucuns moyens, même les plus honteux, ne furent négligés pour assurer la popularité des démagogues de Carpentras. Vous ne sauriez imaginer sous l'empire de quelle corruption et de quelles violences furent faites les élections du 30 avril 1871, et quelle énergie il faut aujourd'hui aux conservateurs pour lutter contre les conséquences de ces élections.

Ils se sont mis sept pour organiser la résistance; les journaux radicaux les appellent ironiquement les « sept sages ». On peut très

sérieusement les appeler les « sept braves ». Il
n'ont pas craint de se « mettre en avant ». Il
ont livré à la discussion leurs personnes. Ce
sont MM. Barret, Barcilon, Bernusset et Fortu-
net, avocats; MM. Anrès et Fabre, avoués, e
M. Ravoux, propriétaire. Réunis, ils ont fondé
le *Comtat*, une petite feuille qui paraît deux fois
par semaine : le mercredi et le samedi. Commencée il y a un an, l'entreprise va bien. Le
Comtat, vivement rédigé, bien informé, est lu
avec enthousiasme par les conservateurs qu'il
défend, et avec une curiosité inquiète par les
radicaux qu'il flagelle. S'il y avait un journal
comme celui-là dans tous les arrondissements
de France, la défense sociale serait assurée.

Ce qui est vrai à Avignon est également vrai
à Vaucluse. Les conservateurs ici sont tous
monarchistes, et les monarchistes tous légitimistes, comme de leur côté les républicains
sont tous plus ou moins communards. M. le

comte de Chambord a particulièrement dans les vieilles familles de la société carpentrassienne des partisans d'une fidélité touchante, fidélité qui, d'ailleurs, n'est pas le privilége d'une classe, mais est commune au peuple, à la bourgeoisie et à l'aristocratie. Pour ces familles, la royauté est une religion. Cette religion, qui, dans d'autres provinces, en Bretagne, par exemple, a un caractère un peu rude, sombre, mais pratique, prend ici une forme tendre, un peu mystique et contemplative. Les radicaux racontent qu'il y a quelques mois, les légitimistes étaient réunis dans l'arrière-salon d'un cercle où se trouvait un buste de M. le comte de Chambord. L'un des assistants regardait le buste ; il l'interpella avec cette familiarité affectueuse qui est dans les habitudes de l'esprit et de la langue du Midi, demandant au « Roi » quand il « reviendrait ». Crut-il voir l'image bouger? « *A bouléga ! Il a remué !* » s'écria-t-il.

Le mot a-t-il été dit? je ne le crois pas, mais il n'est pas tout à fait invraisemblable, tant sont vives et profondes les passions dont la royauté est l'objet dans certaines familles de ce pays. Je vous ai raconté cette petite anecdote parce qu'elle peut faire bien comprendre le caractère des opinions monarchiques, et qu'elle est ici, d'ailleurs, dans toutes les bouches. Quand un conservateur passe, on lui crie : « A bouléga ! » C'est l'injure à la mode contre les partisans de la royauté, et il faut reconnaître que celle-ci n'est pas aussi grossière que la plupart de celles dont ils sont l'objet. Pour être exact, je dois ajouter qu'à Marseille les légitimistes donnent à l' « A bouléga » une autre origine. Ils assurent que c'est à Tarascon, dans un cercle républicain, que le mot a été dit par un radical en contemplation devant une « Marianne ». La question me paraît tout à fait digne d'occuper les érudits de Carpentras et de Tarascon...

dans deux ou trois siècles, et je la leur laisse. Ces passions monarchiques, qui, par leur désintéressement et leur sincérité, ont droit de notre part au respect, sont particulièrement représentées dans le département par l'*Union de Vaucluse*, qui paraît à Avignon, rue de la Bouquerie, et dont M. d'Anselme est rédacteur en chef. A Carpentras, les rédacteurs du *Comtat*, eux aussi, bien que profondément monarchiques, ont compris la lutte contre les radicaux autrement que les rédacteurs de l'*Union*. Au lieu de répéter deux fois par semaine, dans chacun des numéros du journal, l'éloge théorique de la monarchie, ou d'insérer de longues dissertations sur les inconvénients de la forme républicaine, ils attaquent avec courage, esprit, verve et talent le parti démagogique. Ayant l'habitude des affaires, ils vont chercher des pièces pour accabler leurs adversaires, les écrasent sous les documents et les faits. C'est par là vraiment qu'ils servent la cause de l'ordre. Monarchistes, ils le sont sans doute; ils ont en horreur, sinon la République elle-même, du moins les républicains; mais ils acceptent sur le terrain où elle leur est offerte la bataille, et ils font pour la gagner tous leurs efforts. Ils ne demandent pas à M. Thiers « la monarchie » : ils lui demandent de mettre un terme à « l'anarchie » qui depuis le 5 septembre est ici maîtresse. C'est là le caractère original de leur œuvre, c'est la raison de leur succès. Je ne compare pas la petite feuille de Carpentras, pour l'importance, à la vieille *Gazette du Midi*, l'organe le plus autorisé des conservateurs monarchistes dans la Provence; mais MM. Barret, Barcilon et leurs amis exercent une réelle influence, et cette influence est excellente.

Je suis arrivé ici au beau milieu d'une polémique très-vive soutenue par le *Comtat* contre un des représentants du parti radical dans ce pays, M. Dupuis, député de la Drôme à l'Assemblée nationale. Ce Dupuis a été instituteur à Nyons, petite ville sur les confins du Dauphiné et du Comtat. C'est un bel esprit, un esprit fort, un ambitieux très-écrivassier. Il ne parle guère à Versailles. Pour se dédommager, sans doute, il a fondé à Nyons une feuille populaire, au moyen de laquelle il fait dans la Drôme et dans les départements limitrophes une détestable propagande. La *Feuille de Jean-Pierre-André,* — c'est le nom du journal de M. Dupuis, — est une sorte de *Corsaire* mis à la portée des campagnes. M. Dupuis est un Mottu dauphinois. Pleine d'attaques contre l'Assemblée, les conservateurs, la religion, la *Feuille de Jean-Pierre-André* jouissait, il y a quelques jours encore, dans ces parages, d'une grande influence. Les rédacteurs du *Comtat* ont résolu de mettre un terme à ce désordre. D'eux il ne fallait pas moins attendre : ils ont recherché dans le passé de « Jean-Pierre-

Pierre-André », et ils ont fait les plus piquantes découvertes. M. Dupuis, aujourd'hui l'un des purs du radicalisme, a été tour à tour, sous la Restauration, sous le gouvernement de Juillet et sous l'Empire, plus qu'accommodant pour les différents pouvoirs qui se sont succédé. Il faut voir le parti que les rédacteurs du *Comtat* tirent de la biographie de « Jean-Pierre-André ». Chaque numéro du journal est expédié à Nyons par ballots : tel gros bourg sur le chemin demande qu'on lui envoie deux cents numéros. « Y a-t-il du *Jean-Pierre-André?* » viennent demander les paysans les jours de marché ! Ils désignent ainsi les articles où est attaqué M. Dupuis, le député rédacteur de la feuille radicale. Les « ménagers » emportent chez eux les petites feuilles, que, rentrés à la maison, ils lisent à haute voix. J'ai assisté hier à une de ces lectures. Je voulais visiter le « Cercle de la Concorde », qui est fréquenté par les rédacteurs du *Comtat*. On m'indiqua la rue des Saintes-Maries. Cette rue est une ruelle étroite, mal pavée, comme c'est l'ordinaire dans ces villes du Midi. Vers le milieu, une porte verte : point d'enseigne. Vous entrez dans une sorte de cour plantée d'arbustes et dont un côté est fermé par une galerie ouverte en arcades. Sous la galerie, de petites tables; à côté, à l'intérieur, une grande salle : la décoration est ancienne, pleine de goût; c'est quelque salon du dix-huitième siècle mis à la disposition de la démocratie du dix-neuvième. Les beaux cafés de la Cannebière à Marseille sont plus fraîchement ornés, mais ne le sont pas avec ce goût d'une autre époque, d'un caractère fort gracieux. Autour d'une table, une douzaine de paysans, leur bâton près d'eux, leur blouse bleue sur le dos, sont assis, buvant leur café. Un beau grand jeune homme, qui paraît être de la ville, lit à haute voix un article du *Comtat*.

Il s'interrompt presque à chaque phrase pour donner en provençal le commentaire de ce qu'il a lu. Ce sont alors des cris d'approbation, des démonstrations de joie, des *peccaire* à n'en plus finir. Braves gens, allez, lisez, instruisez-vous sur le compte des radicaux qui vous trompent, apprenez à connaître les hommes qui vous aiment réellement, à les distinguer de ceux qui vous flattent, et le jour viendra, dans Vaucluse et ailleurs, où le règne des sots et des coquins finira.

Connaissant l'entreprise excellente à laquelle se sont dévoués les rédacteurs du *Comtat,* vous aurez sans doute quelque peine à excuser la mesure que vient de prendre le gouvernement. L'un des fondateurs du *Comtat* est un M. Anrès, avoué près le tribunal de Carpentras. Il a concouru à la fondation, mais n'écrit pas, et ne prend par conséquent aucune part aux polémiques. M. Anrès était, il y a quelques jours encore, suppléant du juge de paix de Carpentras. Le procureur général de Nîmes lui a demandé fort sèchement de se démettre des fonctions de cette suppléance. Il a eu à choisir entre sa révocation et sa démission. M. Anrès n'était pas homme à résister; c'est l'esprit le plus modéré du monde, le caractère le plus pacifique : il a résigné ses fonctions. J'ai cherché à savoir si quelque circonstance atténuait le caractère fâcheux de la mesure prise ainsi par le procureur général, M. Colonna d'Istria. On m'a assuré que le procureur général avait agi comme il a fait à l'égard de M. Anrès par « sentiment d'égalité républicaine ». J'ai demandé des explications : voici celles qu'on m'a données. Il y avait, paraît-il, dans un département voisin de celui-ci, ressortissant également de la cour de Nîmes, un journal communard, non-seulement fondé, mais rédigé par des avoués juges-suppléants. Ce journal s'était, ces derniers temps, livré à des violences telles que le parquet de Nîmes a dû demander aux rédacteurs de cette feuille révolutionnaire leur démission. De là à demander celle de M. Anrès, fondateur du *Comtat*, vous voyez la transition. Le gouvernement tient-il donc bien à montrer que, s'il n'est pas avec les radicaux, il n'est pas non plus avec les hommes d'ordre? C'est la politique de l'équilibre. L'effet produit par la démission de M. Anrès a été grand, non-seulement dans le département de Vaucluse, mais dans le Midi. Que diriez-vous d'un gouvernement qui, sous prétexte de « République conservatrice », d'égalité démocratique et d'équilibre politique, aurait un pareil traitement pour les gendarmes et les voleurs, pour les incendiaires et pour les pompiers?

CINQUIÈME LETTRE.

Saint-Mandrier, près de Toulon (Var),
31 octobre.

Les deux meneurs du parti radical à Toulon sont MM. Dutasta et Pellegrin. Ce sont eux qui prennent l'initiative de toutes les mesures nécessaires aux intérêts du parti. Leurs noms sont dans toutes les bouches. Dutasta par ici, Pellegrin par là. Je gagerais que vous ne connaissez ni l'un ni l'autre. C'est vraiment bien dommage. M. Dutasta est un jeune homme, il n'a pas encore trente ans. Vous vous rappelez que le collége Sainte-Barbe avait, après le coup d'État du 2 décembre, recueilli et chargé de différents cours plusieurs professeurs exclus de l'Université pour refus de serment. Au nombre de ce professeurs se trouvaient notamment M. Despois, un lettré, et un philosophe, M. Vacherot l'un, M. Despois, très-passionné, ami de Deschanel, grand admirateur de Victor Hugo, en corrigeant les vers latins, ne manquait pas de raconter quelque trait édifiant emprunté à la vie des grands hommes de 1792. On se souvient encore à Sainte-Barbe de l'admiration qu'il professait pour madame Roland. M. Vacherot, lui, chargé de corriger les dissertations françaises des élèves qui se préparaient à l'École normale ou à la licence ès lettres, remplissait sa mission en conscience, ne parlant jamais de politique, très-rarement de philosophie, mais exerçant sur les jeunes gens qu'il instruisait l'action d'un esprit grave et méditatif, augmentée par le prestige de la persécution politique. Henri Dutasta, né à Bordeaux, envoyé à Sainte-Barbe par sa famille, y contracta dans le commerce de MM. Despois et Vacherot une passion républicaine dont les conséquences, si elles avaient été prévues, eussent effrayé sinon M. Despois, du moins M. Vacherot, l'homme du monde au fond le plus pacifique. Entré en 1863 à l'École normale, Dutasta se livra de plus en plus à l'étude de la Révolution; on n'appréciera jamais ce que le radicalisme doit à l'Université. Avant même d'être professeur, Dutasta aspirait à quitter le professorat. On sait combien les jeunes têtes à l'École normale étaient, il y a dix ans, tournées par les exemples qu'avaient donnés Prévost-Paradol, Weiss, Taine, About, sortis de la littérature et de l'enseignement pour s'engager dans la politique. Henri Dutasta, nommé professeur de philosophie au lycée de Cahors en octobre 1866, se rendit à son poste en maugréant tout bas et se considérant comme un génie méconnu. Il n'était pas depuis longtemps à Cahors qu'il se prononça publiquement en faveur des doctrines philosophiques les plus contraires au christianisme. C'était un début plein de promesses. Dans une conférence publique, il s'éleva avec force contre l'idée de toute religion révélée. Ce qu'il professait ainsi publiquement dans une conférence, il n'était pas douteux qu'il ne l'enseignât à ses élèves : belle recommandation pour les pères de famille ! Les catholiques de Cahors protestèrent : un membre distingué du clergé réfuta dans un ouvrage spécial les thèses soutenues par M. Dutasta. Celui-ci n'en fut pas pour cela disgracié; en 1868, il fut envoyé au collége de Toulon. Les événements de 1870 l'y trouvèrent. La politique qui avait toujours tenté M. Dutasta l'arracha alors au professorat universitaire. Nommé, aux élections du 30 avril 1871, conseiller municipal, par le faubourg du Mourillon, il fut averti par le recteur de l'Académie que s'il acceptait les fonctions municipales qui lui étaient offertes par les radicaux, on l'enverrait au collège de Carpentras. Les collégiens de Carpentras l'ont, comme vous voyez, échappé belle. Heureusement pour eux, le jeune professeur refusa d'obéir aux avertissements de l'autorité universitaire : il fut mis en disponibilité. Les électeurs du canton de Saint-Maximin le récompensèrent en le nommant conseiller général. « Tout est bien qui finit bien », comme disait celui qui revenait de l'enterrement de sa femme. Dans le sein du conseil municipal de Toulon, comme au conseil général du Var, M. Dutasta se fait surtout remarquer par l'énergie avec laquelle il réclame l'enseignement laïque. A peine arrive-t-on à Toulon qu'en suivant le cours bordé de beaux vieux platanes qui descend au port, on aperçoit d'énormes enseignes : « École communale *laïque* et gratuite », et plus loin : « Asile communal *laïque* et gratuit ». Vous voyez que M. Dutasta ne perd pas son temps. Il le perd d'autant moins que la municipalité, à Toulon comme dans la plupart des communes du département, trouve les plus grandes difficultés à organiser l'enseignement laïque : on ne peut, à ce qu'il paraît, rencontrer d'instituteurs et d'institutrices qui soient pénétrés comme il conviendrait du sentiment de leur mission démocratique. Il faudrait des maîtres d'école qui fussent vraiment les apôtres — et au besoin les martyrs — de la libre pensée, des institutrices qui eussent les idées de madame Paule Minck : on n'en trouve pas. Un radical indiscret m'expliquait hier tous les dégoûts qui rebutent ici les institutrices laïques. Les petits Toulonnais sont, paraît-il, extraordinairement sales. Avant de les instruire, il faut les décrasser. Quand on en réunit une dizaine seulement dans une salle, l'odeur que dégagent ces jeunes radicaux est absolument intolérable. La plupart sont dévorés par la vermine. Les Sœurs ne se décourageaient pas :

elles lavaient, peignaient, décrassaient ces petits au moins autant qu'elles les instruisaient. Ce métier-là dégoûte au contraire les institutrices qui ont fait quelques études, ont leur diplôme, sont plus ou moins des dames, ou veulent être prises pour telles : elles sont mécontentes, réclament, s'en vont au bout de peu de temps. La municipalité de Toulon paye pour l'enseignement primaire cinq fois ce qu'elle payait auparavant, et les familles se plaignent. La municipalité essaye en vain de ranimer le zèle par des discours solennels aux distributions de prix : l'effet de ces discours est de peu de durée. On cite une de ces harangues dans laquelle il était dit que « les enfants devaient remplacer le néant de notre âme par une éducation démocratique. » A Bargemon, il y a quelques semaines, la distribution des prix s'est faite avec une grande solennité. L'adjoint au maire, un M. Chaix, a adressé aux enfants des deux écoles communales un discours dans lequel il leur a fait « l'éloge des hommes *prodi-* » *gieux de* 92 qui ont tant fait pour la propaga- » tion des sciences et des lettres, *jusqu'alors* » *séquestrées dans les cloîtres sous la culotte des* » *moines.* » Le *Progrès du Var*, qui a publié un résumé de ce discours, assure que M. Chaix a « recueilli de vifs applaudissements ». Il y avait bien de quoi ! Pour la désignation des élèves dignes d'être récompensés, on suit ici le système des écoles communales de Lyon. Ce sont les écoliers eux-mêmes qui choisissent par leur vote ceux d'entre eux qui doivent être couronnés. Les radicaux assurent que « cette pratique démocratique exclut l'arbitraire dans la distribution des récompenses, *tout en initiant les enfants aux usages du suffrage universel, qui est la base de la puissance populaire.* » Les livres donnés aux enfants dans les distributions de prix sont choisis de manière à leur inspirer les sentiments les plus démocratiques. La municipalité de Marseille s'est fait, sous ce rapport, particulièrement remarquer. Des petites filles avaient reçu en prix, sous prétexte sans doute de propagande « républicaine », des morceaux d'une littérature si légère que les parents ont dû retirer des mains de leurs enfants les livres que la municipalité leur avait ainsi donnés en récompense. A Marseille, de pareils scandales sont relevés : il y a pour protester une presse indépendante résolûment conservatrice; mais quand de mauvais livres sont donnés à l'occasion d'une distribution de prix aux enfants de quelque petit village de l'Esterel, qui peut protester? Les inspecteurs de l'enseignement secondaire sont souvent, dans ces départements du Midi, les créatures du parti radical. Je vous ai parlé de M. Dupuis, député radical de la Drôme, le rédacteur de la *Feuille de Jean-Pierre-André*. Ce Dupuis a un fils qui partage les idées paternelles, et fait profession du radicalisme le plus avancé. Ce personnage, inspecteur de l'enseignement primaire, vient de recevoir de M. Jules Simon de l'avancement. Vous pouvez penser quel esprit préside aux inspections d'un pareil homme, et quel usage il doit faire de l'influence dont il dispose! N'est-il pas curieux qu'à tous les degrés ce soient des hommes, relevant plus ou moins directement du ministère de l'instruction publique ou sortis des institutions universitaires, qui soient les agents les plus actifs de la démoralisation de l'enfance?

M. Pellegrin, médecin de la marine, aujourd'hui en disponibilité ou en retraite, est ici l'organisateur des enterrements civils. Il ne lui suffit pas d'écrire dans le *Progrès du Var*, le journal radical de Toulon; il fait contre le culte catholique la plus active propagande. Au mois de décembre 1871, M. Pellegrin devint père. Il chercha dans l'histoire républicaine et philosophique des patrons au jeune citoyen que madame Pellegrin venait de donner au radicalisme. Il voulait l'appeler Diderot. Les instructions ministérielles ne le permettant pas, le jeune Pellegrin fut inscrit sous le nom de « Galilée ». Le pauvre enfant mourut au bout de dix jours. L'inquisition n'y fut pour rien; mais M. Pellegrin trouva l'occasion bonne pour donner l'exemple d'un enterrement civil. Le maire de la ville assista à celui-là : scandale pour les honnêtes gens, encouragement pour les radicaux. A Toulon seulement, du 3 décembre 1871 au 13 août 1872, il y a eu soixante-trois enterrements civils. Ce sont surtout de petits enfants qu'on ensevelit ainsi. Sur soixante-trois personnes enterrées civilement à Toulon, entre ces deux dates, quarante étaient des enfants âgés de moins de deux ans; quelques-unes de ces petites créatures n'avaient vécu que deux ou trois heures. J'ai sous les yeux le tableau de cette douloureuse statistique. Quand les amis de M. Pellegrin sont informés que quelque pauvre homme est sur le point de mourir à l'hôpital ou ailleurs, on va trouver ses parents, s'il en a, et on leur énumère les avantages que présente un enterrement radical. Si j'en croyais certains bruits, les radicaux dans leur zèle iraient quelquefois même jusqu'à payer une petite somme aux parents du mort afin de pouvoir disposer du cadavre. Je n'ai pu obtenir la preuve de ce honteux trafic ; mais la vanité ne suffit-elle pas, d'ailleurs, sans un autre intérêt, pour expliquer ici le consentement donné par certaines familles ? Il y a quelques jours, un jeune homme, employé comme manœuvre au chemin de fer, meurt : immédiatement le *Progrès du Var* annonce avec éclat l'enterrement ; au cimetière, un grand nombre de radicaux sont présents ; deux d'entre eux prennent la parole. Le *Progrès du Var* publie le lendemain l'une des oraisons funèbres, toute pleine des éloges habituels en pareille circonstance. N'y a-t-il pas, dans tout cet appareil, de quoi troubler de pauvres têtes et leur faire croire que vraiment c'est un honneur pour un pauvre ouvrier que d'être enseveli avec un tel concours et loué publiquement dans le *Progrès* ? Une lettre publiée par le prêtre qui avait assisté aux derniers moments du pauvre manœuvre est venue prouver qu'il avait quitté la vie en invoquant le Dieu de l'Évangile, et que la famille avait réclamé pour lui les secours de la religion.

J'ai eu l'autre soir une preuve directe et personnelle de ce que les administrations radicales font pour la démoralisation du peuple, si facile, dans ces contrées du Midi, à émouvoir pour le bien comme pour le mal : je revenais du vieux port vers la haute ville ; je m'engageai fortuitement dans une petite rue étroitement serrée entre deux rangées de maisons fort élevées.

Toulon, longtemps enfermé dans une enceinte de fortifications trop exiguë, poussait en hauteur ses maisons. M. Baude, dans un article publié par la *Revue des Deux-Mondes*, en 1840, comptait qu'entre l'enceinte bastionnée et les murs de l'arsenal quarante-trois mille créatures humaines étaient agglomérées dans un espace de trente-deux hectares. La densité de la population, qui était alors à Paris dans le rapport de trois cent deux habitants par hectare, était à Toulon de quatorze cent trente-sept habitants par hectare. Jugez quel grouillement dans une pareille fourmilière, et quelles conditions favorables pour les contagions mauvaises de l'ordre moral comme de l'ordre hygiénique ! Aujourd'hui, cet état a changé en partie, mais les rues de la vieille ville sont demeurées profondes comme des égouts, étroites à toucher les deux côtés en étendant les bras. La rue dans laquelle je pénétrais avait vraiment l'aspect d'un collecteur : des ruelles sombres, fétides, venaient s'y embrancher à droite comme à gauche. Je n'avais pas fait quarante pas dans cette rue que j'entendis des chants, des cris, une musique assourdissante. Le « grand Café-concert du Casino » était ouvert. Ces cafés-concerts, casinos, alcazars, sont dans le Midi très-fréquentés. La plus petite ville a le sien. Ce sont des sources vives de corruption. Je pénétrai dans une vaste salle brillamment illuminée. L'assemblée était nombreuse : des matelots de l'escadre, le bonnet de laine sur la tête, des soldats, des couples suspects, l'homme en redingote crasseuse, le petit chapeau de feutre tout déformé sur le front, la pipe aux lèvres, la femme en toilette prétentieuse, sale et voyante, puis des gens du port, des familles entières d'ouvriers, et, ce qui me frappa surtout, une foule d'enfants, pâlots, ouvrant de grands yeux, morts de fatigue et tenus éveillés par le bruit, les lumières, le visage tout flétri. On est assis devant de petites tables. Le prix d'entrée est de soixante ou de quarante centimes, selon les places. On a droit, pour ce prix, à une « consommation ». C'est un verre de café d'un goût terreux, un bock de bière âcre, ou un doigt d'eau-de-vie frelatée, espèce de poison corrosif. Les hommes boivent, les femmes boivent, les petits enfants boivent. On est, en entrant, pris à la gorge par une odeur chaude, lourde, écœurante. Les pieds glissent dans des mares fétides; les fumeurs ont craché à terre, les buveurs ont répandu de la bière. Un orchestre se démène au bas d'une estrade éclairée par une rampe garnie de quinquets. Sur l'estrade, un monsieur se présente, en habit noir, avec gants couleur claire; il chante tantôt de grands morceaux patriotiques, la guerre, la paix, l'invasion, tantôt des strophes sentimentales. Après le monsieur en habit noir, c'est le tour de quelque créature en grande toilette, décolletée, bras nus, toute fardée; elle chante, elle aussi, quelquefois des morceaux « de sentiment », plus souvent des obscénités ordurières. Ce sont alors des frémissements dans toute la salle. Les gestes répondent aux paroles, gestes éhontés, ignobles. Les hommes regardent, les femmes sourient, et les pauvres petits enfants ouvrent leurs grands yeux tout éblouis. Vers le milieu de la soirée, voici que le bruit court qu'on va jouer une pantomime. C'est une pièce immonde qu'on représente. Il y a en scène un évêque, un curé et deux religieuses. Les deux religieuses sont en costume. Raconter cela est impossible. C'est un pot-pourri de gravelures et d'impiétés. L'assemblée applaudit, les rires éclatent : on se lève, on crie : « Bravo! bravo! bis! bis!... » Les allusions les plus égrillardes ont été comprises de tous. Les acteurs rient sur l'estrade. L'assistance les interpelle, ils répondent. Je demande si ces infamies-là sont jouées tous les soirs : elles ont déjà été jouées la veille. Le programme affiché à l'entrée porte : « *Les Deux Religieuses.* »

Comprenez-vous, après cela, que j'aie éprouvé le besoin de venir respirer le grand air? J'ai pris la barque de passage qui, traversant la rade, conduit au petit village de Saint-Mandrier. L'histoire raconte que saint Mandrier, proconsul romain, après avoir été baptisé par saint Cyprien, premier évêque de Toulon, vint se retirer ici dans une petite île fort sauvage. L'île est maintenant une presqu'île couverte de beaux pins maritimes, reliée à la terre par une petite bande de sable qu'on appelle, dans le pays, la plage des Sablettes. De tous les côtés on voit la mer ; au fond de la rade se dressent trois hautes montagnes : le *Faron*, le *Coudon* et le *Baou de quatre heures*; à leurs pieds : Toulon, le bagne et le grand concert du Casino. On est ici mieux que là.

SIXIÈME LETTRE.

Toulon, 1er novembre.

« Vous n'avez pas visité le bagne? — Non. — Et vous ne comptez pas le visiter? — Non plus. — Vous ne voulez donc étudier que les radicaux en liberté ? » Le mot qui m'a été dit hier est dur, et il n'est point vrai. Le radicalisme tient dans ce pays à des causes fort diverses. Il y a, notamment dans ce département du Var, toute une classe de radicaux dont l'Empire doit demeurer responsable, parce qu'il les a faits ce qu'ils sont. En décembre 1851, la résistance au coup d'État fut ici extrêmement vive ; à peine dans la journée du 3 la nouvelle des événements de Paris fut-elle arrivée, dans quarante communes les gardes nationales s'armèrent ; une fois armées, sans chef, sans discipline, elles se livrèrent à quelques brigands qui commirent d'odieux excès. Sur plusieurs points, de malheureux gendarmes furent massacrés, on outragea leurs cadavres. La répression suivit de près, impitoyable, confondant tout, les honnêtes gens et les brigands. Le drame achevé, toute une légende est restée. On me racontait, hier, l'histoire de M. Paul Cotte, actuellement député. En 1851, il avait vingt-six ans ; il était à la tête d'une fabrique de poterie à Salernes. Informés du coup d'État, les républicains autour de lui tinrent conseil : fallait-il céder ou résister ? Il fut pour la résistance. Engagé par l'avis qu'il avait donné, il déploya une grande énergie. Vaincu avec ses amis, il fut traduit par contumace devant une commission mixte, condamné à la déportation. Il était caché à Salernes. On lui procura le moyen de fuir par

Saint-Raphaël, petit port de la côte, près de Fréjus. Une barque devait l'attendre là, à la nuit, et le conduire à Gênes ; mais, pour gagner Saint-Raphaël depuis Salernes, comment faire, avec les gendarmes surveillant toutes les routes ? On chargea une charrette de caisses de poteries. Paul Cotte se cacha dans une des caisses, échappa ainsi. Arrivé à Gênes, il voulut s'y établir. Le gouvernement italien, sur la demande du gouvernement français, signifia au proscrit qu'il eût à quitter l'Italie. Il alla à Tunis. Il en est revenu après l'amnistie, à la fin de l'Empire, avec une maladie de foie fort grave. Qu'on s'étonne après cela qu'un tel homme soit radical ! Les coups d'État ne tranchent pas les questions ; ils ajournent les difficultés et les aggravent.

L'adhésion de M. Émile Ollivier à l'Empire, sorti du coup d'État, fut considérée comme une trahison par les républicains du Var. Quand, aux élections de 1869, M. Laurier se posa contre M. Émile Ollivier en champion de « l'impitoyable revendication », il fit appel aux rancunes profondes et ardentes des victimes du coup d'État. Les haines, nourries en silence pendant vingt ans, éclatèrent partout. M. Paul Cotte devint tout à coup l'adversaire le plus violent de l'Empire; il se fit l'agent électoral de M. Laurier. Au 4 septembre, M. Laurier paya cette dette en faisant nommer M. Paul Cotte préfet du Var. Partout dans ce département, le 4 septembre fut pris comme une revanche du 2 décembre. La République n'apparut que comme le châtiment de l'Empire. Les proscrits du 2 décembre revenus chez eux y ont rapporté des souvenirs de leur proscription : plusieurs ont suspendu à la place d'honneur de leur maison la corde avec laquelle ils ont été attachés et menés en prison au mois de décembre 1851. Par un mensonge dont les conséquences sont funestes, c'est au nom des intérêts conservateurs que fut fait l'Empire. La conséquence est qu'aujourd'hui les victimes du 2 décembre se vengent en sacrifiant tout aux passions révolutionnaires. C'est une politique de représailles, mais qui séduit et porte aux derniers excès ces natures méridionales, incapables de garder aucune mesure. MM. Gent, Esquiros, Cotte, représentent dans le Midi une politique de représailles haineuses, faciles à expliquer, fort redoutables !

Une des causes qui ont en outre développé dans le Var les passions radicales, c'est l'influence qu'exerce toujours une grande ville sur les contrées qui l'entourent. Les Toulonnais sont une population extrêmement mélangée. Ici, comme à Marseille, il y a cinq ou six colonies distinctes d'origine, mais vivant confondues. On n'a pour reconnaître la variété des diverses nationalités ainsi rapprochées, qu'à descendre sur le vieux port. C'est évidemment l'une des parties de Toulon les plus intéressantes à visiter ; le quai qui borde le vieux port, la « vieille darse », — comme on disait au temps de Vauban, — est un beau terre-plein sur lequel s'ouvrent une longue file de magasins, de bazars, de bureaux de commerce, de comptoirs, de librairies, de débits de tabac, et un grand café, le « café du Commerce ». Le pavage est fait avec une sorte de briques rouges, disposées de manière à se soutenir en s'enchevêtrant, et séparées par de grandes dalles de pierre blanche. Des toiles fort épaisses sont tendues tout le long du quai, devant les magasins et les cafés : ces toiles forment comme une marquise continue sous laquelle on est, durant le jour, à l'ombre et à l'air. Le quai n'est élevé que d'un pied à peine au-dessus de l'eau : quand la mer, comme ces jours derniers, a été un peu forte au large, le terre-plein est à ras du flot : des barques, de petites chaloupes à vapeur, dont l'une fait le service de la Seyne, l'autre celui de Saint-Mandrier, sont rangées au quai : les cordes qui les amarrent sont passées autour du cou de gros vieux canons qui, la gueule en l'air, servent de bornes. Les barques de promenade, noires au dehors comme les gondoles de la Piazzetta, sont peintes en dedans de rouge, de vert, de bleu, de jaune : comme ces barques ne sont pas pontées, ces couleurs variées qu'on voit du quai forment une ligne bariolée fort amusante pour l'œil, et au-dessus de laquelle se balancent les voiles à demi carguées. Deux ou trois grands vaisseaux, venus d'Odessa ou d'Italie, sont là qui déchargent du blé. On embarque là-bas le blé à bord comme du sable. C'est ici seulement, au débarqué, qu'on le met en sacs. Des hommes sont sans cesse occupés à le passer au crible. La poussière blonde s'élève autour d'eux comme une fumée. Le mouvement sur le quai est un va-et-vient continuel : des douaniers en longue casaque bleue se promènent gravement, surveillant toute barque qui aborde. La vue n'est pas fort étendue, mais elle est charmante. Au fond, la presqu'île du cap Sicié cachant la haute mer, le fort Caire, les forts de l'Éguillette et de Balagnier, plus près ; en rade, les vaisseaux de l'escadre de la Méditerranée arrivés ces jours-ci ; puis, dans le vieux port même, à gauche et à droite, les pontons peints en blanc avec leurs écoutilles ouvertes, immobiles, tour à tour prisons et casernes ; plus loin les deux môles qui ferment le vieux port, et sur la gauche les hautes cales couvertes du Mourillon ; quand tout cela est éclairé par un beau coucher de soleil, comme celui que j'ai eu hier au soir, on ne peut imaginer de tableau mieux composé ; mais ce qui frappe surtout, c'est l'étonnante diversité des types qu'on rencontre parmi les gens du peuple. Marseille et Toulon servent de refuge à des familles venues de tous les coins de la Méditerranée. L'autre jour, à la Joliette, j'ai rencontré une troupe d'Arabes en grand manteau blanc, se rendant à la Mecque. Leur présence n'étonnait personne. Ici comme à Marseille, on trouve des journaux grecs. Les enseignes en grec sont nombreuses à Marseille dans les environs du vieux port, et il y a là plus d'un marchand d'épices qui vend du savon blanc dans la langue de Périclès. Ici, on rencontre des Génois, des Piémontais, des Corses, des Grecs. Le provençal de Toulon est un idiome particulier, mélange de deux ou trois langues et d'autant de patois. C'est à peine si les gens du peuple comprennent les poésies de Roumanille, le « félibre » d'Avignon. Notez qu'à Marseille et à Toulon, ces étrangers, plus ou moins bohémiens et aventuriers, sont inscrits la plupart sur les listes électorales. Le *Bulletin des actes administratifs pour le département des Bouches-du-Rhône* constate que « les listes électorales ne portent ni le lieu ni la date de la naissance ». Vous avez là une des causes de l'action des radicaux à Toulon et à Marseille !

L'organisation du parti radical met en œuvre, d'une manière remarquable, ces éléments : dans les départements de Vaucluse et des Bouches-du-Rhône, c'est dans les cercles que se font les accords électoraux. Ici, dans le Var, la constitution des forces démagogiques est bien plus parfaite. Dans les villages comme dans les villes un peu importantes, les radicaux sont partagés en « chambrées ». Un démagogue un peu plus avisé que les autres loue une chambre, il y fait porter vingt chaises, une table; un portrait de Gambetta ou de Garibaldi est accroché à la muraille; tous les soirs, vingt radicaux viennent ensemble là, boire, fumer et disserter pendant deux ou trois heures. Voilà « une chambrée ». Tel gros bourg compte jusqu'à vingt ou vingt-deux chambrées. La veille d'une élection, la « chambrée » reçoit les bulletins du candidat pour qui elle doit voter. Les vingt électeurs de la « chambrée » vont au scrutin à la même heure et ensemble. De cette façon on voit qui s'abstient ou qui vote mal. L'habitude d'aller le soir à la « chambrée » est si forte que jamais le radical qui fait partie d'une « chambrée » ne manque de s'y rendre. On me citait un père qui venait de perdre un enfant tendrement aimé et qui ne put se dispenser d'aller, une heure après la mort, passer la soirée à la « chambrée ».

Lorsque des élections doivent avoir lieu, chaque commune envoie un délégué à une sorte de congrès électoral qui se tient au Luc. Le Luc est un bourg de trois mille habitants, à égale distance entre Toulon, Fréjus et Draguignan. C'est un point central. On peut y venir facilement par les chemins de fer de tous les points du Var. Les congrès du Luc se tiennent dans une vieille église ruinée dont le toit est tombé depuis longtemps. On dispose des bancs, une estrade. Les délégués de toutes les communes forment là comme un comité central chargé d'examiner les titres des candidats. Chaque candidat, d'après le règlement, ne doit parler que cinq minutes. La dernière séance du congrès du Luc a duré onze heures : commencée à deux heures après midi, elle ne prit fin qu'à une heure du matin. Cinquante-sept candidats vinrent proposer leur candidature. M. Ferrouillat de Lyon et M. Dréo eurent un grand succès. J'ai recherché pourquoi le Luc avait été choisi ainsi pour la tenue des congrès démagogiques. Outre les avantages de sa situation centrale, le Luc a toujours eu dans le département la réputation d'être un foyer de radicalisme. C'était, sous l'ancien régime, une des trois communes de la Provence où, d'après l'édit de Nantes, les protestants pouvaient exercer librement leur religion. Les radicaux d'aujourd'hui sont-ils les fils des huguenots du seizième et du dix-septième siècle ?

SEPTIÈME LETTRE.

Le Luc (Var), 3 novembre 1872.

Depuis ma soirée au « grand café-concert du Casino », j'avais besoin de respirer franchement l'air libre et salubre; à Saint-Mandrier, on a bien tout autour de soi la mer bleue, les bois de pins d'Alep, la vue lumineuse de la rade dominée par les montagnes, mais, là encore, on a trop près de soi les voisinages malsains et tristes; à droite, c'est le grand hôpital de Saint-Mandrier, plein du souvenir de Vauban, mais morne comme un hôpital; à gauche, un peu plus loin, c'est l'ancien Lazaret. Je sais bien qu'il n'y a plus de pestiférés, mais le nom seul rappelle de maussades souvenirs. Les grands ateliers de la « Société des forges et chantiers de la Méditerranée », établis à la Seyne, ont beau être cachés derrière les bosquets de *tamaris*, si bien décrits par madame Sand, et le bagne immense a beau se dissimuler derrière les glacis du fort Caire, on respire avec peine : l'esprit est oppressé ; il y a dans l'air je ne sais quelle vague odeur de prison et de maladie ; je me trouvais mal à l'aise près de ces grandes agglomérations d'hommes : j'ai pris hier le chemin de fer comme pour gagner Cannes, et je me suis fait descendre à la première station, décidé à aller droit devant moi, à l'aventure. Cuers est presque au seuil de cette grande, large et belle vallée qui tient le milieu du département du Var ; l'Argens, qui coule à travers, vient des montagnes aux environs de Brignoles et de la Sainte-Baume ; il descend de là vers la mer, où il se jette près de Fréjus. L'Argens est, durant l'été, un lit de cailloux blancs avec des buissons d'arbousiers et de chèvrefeuilles. C'est en ce moment une rivière aux eaux fortes et rapides, coulant à pleins bords. Le défaut ordinaire de ces campagnes méridionales, c'est leur sécheresse. Un sable blanc s'élève au moindre vent sur toutes les routes, se répandant comme une fumée solide sur les champs. Les pluies des dernières semaines, si abondantes, ont corrigé tout cela. C'est le printemps moins les fleurs, mais avec toute la fraîcheur des premiers jours de mai, et quelque chose de grave et de reposé. Le soleil est chaud, sans être trop ardent; l'eau des ruisseaux, hier encore débordés et rentrés à peine dans leur lit, s'étend en larges nappes sous les oliviers et les mûriers; les chemins sont encore un peu humides, assez pour que le pied s'y enfonce. Cuers est un gros bourg assez vilain. Les maisons dans cette contrée sont en général fort laides, les murailles se dressent unies sans une saillie : on ignore absolument l'art des parties en relief; les ouvertures sont percées au ras des façades ; elles vous regardent comme des yeux auxquels on aurait arraché leurs paupières; c'est plat, lourd et vulgaire. Cependant les toits, en belle poterie de terre rouge, peu inclinés, mais dépassant de beaucoup la maison, ont un aspect italien. Les rues de Cuers sont mal pavées, avec une espèce de gros galets pressés les uns contre les autres. Le seul charme du bourg tient à ses vieux platanes. C'est l'arbre des places et des promenades publiques dans le pays. Ceux de Cuers sont énormes; leur tronc puissant, bien venant, d'une écorce saine, qui se détache de place en place sans laide cicatrice, leur feuillage abondant, encore très-vert, très-solide à cette saison, le grand et fier arrangement de leurs branches sveltes et fortes, tout cela est d'un effet charmant; des ruisseaux d'eau vive, renfermés entre de grandes dalles de pierre blanche, courent au pied des platanes, à travers la place.

Je m'arrête à l'hôtel de la Mule-Blanche, pour louer une carriole. L'hôtel de la Mule-Blanche est tenu par M. Tourtabas, madame Tourtabas et le jeune Tourtabas. Celui-ci est un grand garçon bien fait, avec des regards pleins de feu. C'est une belle statue de bronze avec des yeux d'émail. Pendant qu'on prépare la voiture, il me conte qu'il a été, aux dernières élections, délégué au Luc par les « chambrées » de Cuers. On en avait délégué un autre, mais celui-là était vieux et il n'avait pas promis d'aller au Luc, son âge ne lui permettant point les fatigues; on avait nommé un suppléant au délégué, puis un suppléant au suppléant, pour le cas d'empêchement. Le jeune Tourtabas n'était que délégué. De fait, « le vieux » a pu aller au Luc, et les suppléants, malgré cela, s'y sont rendus avec lui. C'est là qu'on a entendu M. Ferrouillat, qui est très-avisé, car, — me dit le jeune Tourtabas, — « il a parlé sans qu'on pût savoir s'il était pour M. Thiers ou contre, de sorte qu'il a eu toutes les voix ». Cette conversation du jeune Tourtabas ne manque assurément pas d'intérêt, mais la voiture est prête. L'hôtel de la Mule-Blanche me fournit un petit cheval roux qui, attelé à une espèce de cabriolet ouvert à quatre roues, trotte le mieux du monde.

La grandeur du jeune Tourtabas le retenant sans doute à Cuers, je suis conduit par un garçon d'auberge d'âge mûr, et qui connaît les routes : il est convenu qu'on me mènera par le Luc aux Arcs, où je rejoindrai le chemin de fer soit pour Draguignan, soit pour Fréjus. Nous partons. De Cuers nous allons à Pignans : c'est à Pignans précisément qu'on entre dans la vallée de l'Argens. A mesure qu'on avance, le paysage est plus large ; à droite, ce sont les forêts des Maures. Vous souvient-il des curieux articles que M. Charles de Ribbe publia, il y a quelques années, sur ces forêts? Elles couvrent une chaîne de montagnes peu développée, mais d'un relief hardi, qui s'élève directement au-dessus de la mer entre Toulon et Fréjus. Ce sont des forêts de chênes-liéges et de pins maritimes, avec çà et là de grandes châtaigneraies : elles forment l'horizon le plus majestueux. Les montagnes qui dominent la rade de Toulon sont nues; le Faron ressemble de loin à un immense amas de cendres, et on se demande comment, depuis des siècles, le mistral ne l'a pas emporté à la mer, morceau par morceau, comme il emporte les nuages. Le Coudon est une belle masse de calcaire blanc et nu, brusquement coupée en coude, comme son nom semble l'indiquer. Les montagnes des Maures — appelle-t-on ainsi les montagnes du nom des forêts, ou bien les forêts du nom des montagnes? je ne sais — sont au contraire absolument boisées : en 1863, seize mille hectares de ces forêts brûlèrent dans un incendie. Le pays, jusqu'au delà de Brignoles, en était tout éclairé. Pendant toute la route, de Cuers jusqu'aux Arcs, on a vers la droite les pentes boisées, fort abruptes sur certains points, des montagnes et des forêts des Maures. A gauche, l'horizon est borné par des crêtes d'une série de collines qui, dernier contre-fort des Alpes, relie la grande chaîne aux montagnes de la Sainte-Baume, près de Marseille.

J'aurais voulu me perdre tout entier dans la vue de cette belle et vive nature, profondément originale; mon conducteur ne l'entendait pas ainsi : « Monsieur voyage pour les huiles ? — Non. — Alors c'est pour les draps? — Non plus, mon ami. » Ma réserve ne découragea pas mon homme. Il tenait à causer. J'en pris aisément mon parti, et je le mis sur les affaires municipales de Cuers, qu'il connaît à fond.

« Vous êtes tous républicains à Cuers? — Ah! monsieur, vous savez, on est ce qu'il faut être »; et il me raconta ses souvenirs de 1851. Il avait alors assisté, sur la grande place de Cuers, sous les platanes, au massacre du brigadier de gendarmerie; après l'avoir tué, on dépouilla son cadavre et on l'outragea de toutes les façons; la conséquence fut que, sur quatre mille habitants, Cuers eut quatre cents déportés, les uns à Lambessa, les autres ailleurs. Aussi, le 4 septembre, ç'a été une « rage » pour reprendre « ce qu'on avait perdu ». Mon interlocuteur tient, du reste, à me prouver que Cuers est en rapport direct avec Paris. Il me demande si je connais M. B..., qui est pharmacien à Montmartre; ce pharmacien vient à Cuers pendant la belle saison et il y apporte les idées nouvelles; le reste de l'année, il écrit, et par lui on sait ce qui se passe à Paris. Je confesse humblement à mon interlocuteur que je ne connais ni M. B..., ni aucun pharmacien de Montmartre : cela lui paraît étrange qu'étant de Paris je ne connaisse pas un pharmacien de Montmartre. Le maire de Cuers était un M. Andrieu; il ne l'est plus : on ne l'a pas révoqué; il s'est destitué : au nom des principes démocratiques, il a pris un arrêté de destitution contre lui-même, a signé cet arrêté et l'a affiché. Il jugeait qu'il n'était plus assez d'accord avec le sentiment public pour continuer à exercer ses fonctions. On m'a montré l'arrêté à Toulon. Ce sont à Cuers des luttes de tous les jours entre les conseillers municipaux et les « bourgeois ». L'autre semaine, le chien de madame X... a mordu les jambes du garde champêtre : ce garde champêtre, qui a été nommé après le 4 septembre, est la créature du conseil municipal. Si le chien de madame X... lui a mordu les jambes, c'est évidemment « à intention ». Aussi le nouveau maire a fait citer madame X... « *pour morsure au garde champê-*

tre, de la part de son chien, comme civilement responsable (1) ». Mais le juge de paix ne faisant pas ce que veut le conseil municipal, le maire a écrit pour se plaindre. La plainte est allée du sous-préfet au procureur de la République, du procureur de la République au procureur général d'Aix, qui, à l'heure présente, doit l'avoir entre les mains. Quand la loi exige que, pour quelque délibération, le conseil municipal s'adjoigne les plus fort imposés, il faut bien obéir à la loi, mais on ne les laisse pas délibérer, on les fait voter sans raisonner, et s'ils ne veulent pas voter ainsi, on les prévient qu'on leur mettra sur le dos tout ce qui pourra arriver de mal à la commune.

Pendant que nous causons ainsi, le petit cheval roux allonge le pas et nous approchons du Luc. Coïncidence assez singulière : le sol prend

---

(1) Textuel.

ici la couleur des sentiments politiques dont les habitants sont animés : la terre est d'un rouge sombre, dont l'effet d'ailleurs est admirable. Les touffes de bruyères se détachent bien vertes sur ce fond couleur lie de vin. Les jours de grands orages, les eaux des ruisseaux sont, paraît-il, rouges comme du sang : cela tient à la présence du fer dans la composition du sol. Au Luc, je rencontre un « bourgeois » à qui je ne rendrai pas le mauvais service de le nommer. Il me conte sur le passé et le présent du Luc une foule d'anecdotes. On ne dit pas dans ce pays le *Luc*, mais le *Lu*. On rapporte que, sous la première révolution, quand les Marseillais voulaient se débarrasser de quelque mauvais drôle, on l'envoyait au district pour prendre un passe-port, afin de gagner le département voisin. Au district, il demandait son passe-port pour Saint-Maximin : on le lui refusait ; il demandait pour Brignoles : on le lui refusait de même ; pour

Draguignan, même refus; enfin il demandait pour le Luc et on le lui accordait. Pourquoi cette préférence? C'est que le président du district qui délivrait les passe-ports ne savait pas bien écrire, et qu'il eût été embarrassé pour ajouter à la formule imprimée Saint-Maximin, Brignoles ou Draguignan, tandis que pour le *Lu* il ne fallait que deux lettres, et il se tirait d'affaire. Voilà une manière d'expliquer le radicalisme du Luc qui ne manque assurément pas d'originalité; je vous la livre pour ce qu'elle vaut; cette anecdote fait ici la consolation des conservateurs, et ils n'ont pas tant de consolations qu'il faille leur enlever celle-là. On me montre aussi copie de la citation donnée à madame de X... « pour morsure au garde champêtre », etc. Le récit de mon conducteur était exact. J'en apprends d'ailleurs bien d'autres sur le compte du maire de Cuers. C'est, paraît-il, un des agents de M. Pellegrin et un des organisateurs des enterrements civils. Le 18 septembre dernier, un paysan de Cuers perdit un enfant de dix-sept à dix-huit mois. Ce paysan avait distribué maintes fois, avec un grand zèle, les bulletins électoraux des candidats radicaux : on voulut l'en récompenser. On organisa une démonstration. Toulon, prévenu, envoya des délégués. Le moment de l'enterrement venu, le cortége se mit en route; en tête marchait l'adjoint, M. Boissière; à défaut de jeunes filles, le corps du pauvre petit enfant était porté par des conseillers municipaux qui, tous, avaient à leur habit un bouton d'immortelle; derrière s'avançaient les délégués de Toulon, le maire de Cuers, les conseillers municipaux, les deux secrétaires de la mairie, l'instituteur communal, les sergents de ville, les gardes champêtres et jusqu'au concierge de la mairie. Au cimetière, le maire fit un discours qui avait été, dit-on, rédigé par le plus lettré des secrétaires de la mairie; puis un des délégués de Toulon, beau parleur, s'efforça de prouver par quelques paroles bien senties que « la religion n'étant qu'une source d'erreurs, il fallait chercher ailleurs la vérité. » Une municipalité organisant ainsi une manifestation irréligieuse est, presque chaque semaine, m'assure-t-on, le scandale de quelque village des environs. On ne dit pas que ni le sous-préfet, ni le préfet ait rappelé à leurs devoirs ceux des dépositaires de l'autorité municipale qui en font un si étrange usage.

Le Luc est un des bourgs les plus riches du département : il se fait ici un commerce considérable d'huile, de vin, de bouchons, et surtout de marrons. Les gros marrons que les Auvergnats rôtissent à Paris, au coin des rues, objet des convoitises de Gavroche, sont expédiés du Luc. C'est pour cela sans doute qu'on les appelle « marrons de Lyon ». On me sert à déjeuner des olives, une omelette à l'huile, des champignons cuits dans l'huile. L'huile ici est si abondante et à si bon marché, qu'elle fait le fond de l'alimentation. On ne brûle dans toute la vallée ni chandelle ni bougie. On s'éclaire à l'aide de petites boules de verre, remplies d'une huile dans laquelle baigne une mèche. C'est un souvenir de la lampe antique. Tous les paysans sont dans ce pays fort à leur aise : tous ont de la terre à eux; on ne peut dire que la misère soit le principe des passions démagogiques, si générales et si ardentes. Ce principe est bien plutôt dans les mauvaises mœurs. Tout le monde se plaint de l'immoralité de ce pays. Il paraît que, depuis le 4 septembre, le désordre a trouvé sous ce rapport des facilités honteuses dans la complaisance des autorités. Les saltimbanques, les diseurs de bonne aventure, les chanteurs de romances égrillardes courent le pays; avant le 4 septembre, il fallait, pour qu'ils pussent faire leur métier, une autorisation de la préfecture, visée dans chaque commune par le maire. M. Esquiros, dans le département des Bouches-du-Rhône, décida que l'autorisation préfectorale n'était plus nécessaire, et se déchargea du soin de cette surveillance sur les municipalités. Dans le département du Var, la même décision n'a pas été officiellement prise par la préfecture, mais une tolérance s'est établie par la faiblesse de l'autorité départementale et le mauvais vouloir des municipalités. On me signale un misérable qui, l'autre jour, a été pris à Roquebrussane chantant les obscénités les plus révoltantes au milieu d'une place publique et aux grands applaudissements de la foule.

Mais voilà pis. Salernes est à quatre ou cinq lieues d'ici vers les montagnes; c'est un chef-lieu de canton : on y compte plus de trois mille âmes. Il y a un mois, c'était la fête de l'endroit. Les divertissements se succédaient pour la plus grande joie des habitants. Le jeu de la « mauvaise mine » est traditionnel dans le Var : on choisit quelque lieu élevé, un petit tertre, un tronc d'arbre, la pierre de quelque fontaine; au besoin on élève une estrade avec deux tonneaux : les concurrents montent tour à tour, et celui qui fait la grimace la plus laide a le prix. Au point de vue de l'art et du sentiment de la beauté, le jeu de la « mauvaise mine » ne mérite guère d'être encouragé; au point de vue moral, ce jeu n'avait jusqu'à présent, me dit-on, donné lieu à aucun désordre. Cette année, après deux ou trois concurrents plus ou moins laids, un enfant d'une douzaine d'années se présente : on le hisse sur la pierre de la fontaine; il s'y installe, et là... Il faudrait Pétrone pour raconter une scène plus digne des mœurs païennes que d'un pays chrétien. La foule applaudit; le malheureux enfant recommence plusieurs fois. On assure que, dans l'assistance, se trouvaient des conseillers municipaux; je n'en ai pas eu la preuve. Ce qui est certain, c'est que le maire de Salernes est M. Cotte, l'ancien préfet du département sous le gouvernement du 4 septembre, aujourd'hui député. La justice s'est émue. L'enfant a été acquitté comme ayant agi sans discernement. Les deux misérables qui lui avaient suggéré l'idée de l'infamie offerte en spectacle à la foule ont été condamnés l'un à vingt jours, l'autre à quarante jours de prison. Quant à la municipalité, je ne sache point qu'elle ait été blâmée de sa connivence ou de sa négligence. L'avénement de la République a été marqué jusqu'à présent dans ces pays par un déchaînement de toutes les passions mauvaises. Ce n'est ni M. Dréo, ni M. Laurier, ni M. Ferrouillat, ni M. Cotte, députés du Var, ni M. La Porterie, préfet, qui diront cela à M. Thiers.

Si l'on pouvait raconter honnêtement ce que

les radicaux de ces contrées du Midi ont fait de leur pouvoir pour la démoralisation publique, que de choses j'ai apprises sur ce point que je pourrais vous écrire! Je choisis un seul fait : il y a quelques mois, dans une ville importante du Midi, des femmes de mauvaise vie furent traduites en justice sous l'inculpation d'avoir provoqué à la débauche de tout jeunes gens, des enfants. L'une de ces créatures allégua que le maire avait autorisé les femmes comme elle à recevoir des mineurs. Cette allégation était si précise que le juge d'instruction écrivit au maire. La loi interdit aux mineurs l'accès de certaines maisons infâmes. C'est, assurément, le minimum de ce qu'exige l'ordre public. Dans la ville dont je parle, un arrêté spécial, en date du 14 janvier 1850, visait et confirmait, par un article particulier, l'interdiction portée par la loi. Le maire répondit qu'il avait en effet « modifié cet arrêté en ce qui concernait l'âge, » et l'exactitude de la révélation faite au juge d'instruction fut établie. Croyez-vous seulement que, la lettre ayant été rendue publique, le maire ait été destitué ou ait près des radicaux, ses amis, perdu quelque chose de sa considération? Ni l'un ni l'autre. Il est toujours maire : il se tient pour l'un des hommes les plus honorables du parti radical dans son département. Je suis prêt, si quelque journal de la gauche le demande, à publier le nom et la lettre de ce maire : je préviens seulement que ce protecteur des femmes de mauvaise vie est un des amis politiques les plus influents de MM. Gent et Naquet.

HUITIÈME LETTRE.

Fréjus, 4 novembre.

J'avais mis dans ma valise de touriste la petite édition de Tacite que Tauchnitz a publiée avec des notes de M. Hase. Il faut se reposer un peu des articles du *Bien public* et des lettres de M. Barthélemy Saint-Hilaire. Bien m'en a pris. Ce matin, en sortant de l'« hôtel du Midi » pour aller visiter Fréjus, mes yeux ont rencontré, peinte en bleu sur une façade blanche, l'enseigne du « café Agricola ». Fréjus est, en effet, le lieu de naissance d'Agricola. Il n'en a pas fallu davantage pour me rappeler, avec une foule de bons souvenirs, ce beau morceau où

Tacite raconte la vie de ce Cneius Julius Agricola, son beau-père. Je suis remonté, j'ai pris mon Tacite, et je suis allé visiter l'amphithéâtre. Le vieil édifice romain est fort beau. Les gradins, en partie détruits, s'appuient sur trois massifs séparés par deux voûtes qui s'étendent tout autour du monument; des contre-forts soutiennent cette ordonnance. Ces ruines sont mal entretenues, mais pleines de grandeur. En montant sur la galerie supérieure, on découvre le golfe de Fréjus, à gauche Saint-Raphaël, à droite on distingue l'endroit où les eaux blanchâtres de l'Argens se mêlent aux eaux bleues de la Méditerranée : la rivière a déposé tant de pierres et de limon autour de Fréjus que la mer, qui y venait autrefois, s'arrête maintenant à une demi-lieue. C'est dommage. Quoique la plaine, toute formée par alluvion, soit fertile et toute verte sous les mûriers, on regrette le temps où le flot venait battre les murs de l'amphithéâtre. Je me suis assis au-dessus de la porte, à demi ruinée, par laquelle les bêtes fauves entraient dans l'arène; au soleil, sous la voûte, à l'abri du vent, dormait, comme un conservateur, un gros chat blanc et jaune. Il y avait déjà du temps de Domitien une petite société aristocratique à Fréjus. Le père d'Agricola, Julius Grecinus, était procurateur des Césars, ce qui, dit Tacite, conférait une noblesse équestre. Il avait de l'éloquence, le goût de la sagesse; ayant reçu de Caligula l'ordre d'accuser Marcus Silanus, il refusa et fut mis à mort : *quia abnuerat, interfectus est.* Ne trouvez-vous pas qu'à l'occasion nous pourrions citer l'exemple de Julius Grecinus à certains journalistes officieux? Julia Procilla, restée veuve, éleva son fils elle-même. « Agricola grandit — raconte Tacite — dans le sein et la tendresse de sa mère, par l'étude des lettres et la passion de la philosophie »; il n'en fut pas moins un grand général, un grand citoyen, ce qui prouve que la gymnastique ne suffit pas à élever les hommes. Ce qui m'étonne dans le récit de Tacite, c'est qu'il attribue les vertus d'Agricola au séjour que, tout jeune, il vint faire à Marseille, « cette ville où la politesse grecque tempère la simplicité de la province ». Il faut que Marseille ait bien changé. Que diraient Agricola et la vertueuse Procilla si, visitant aujourd'hui la Canebière, ils entendaient crier la *Feuille de Jean-Pierre André*, la *Marotte*, l'*Égalité*, et s'ils cherchaient la simplicité de la province dans les salons tout dorés du café de l'Univers? J'ai passé deux heures charmantes à lire cette vie d'Agricola; je me demandais en la lisant ce qu'Agricola eût été, s'il eût vécu de notre temps. Aurait-il été du centre droit ou du centre gauche, de la droite modérée ou de la droite extrême? Je consulterai, à mon retour à Paris, M. Egger, puisque M. Villemain n'est plus de ce monde; mais ce qui est certain, c'est qu'Agricola était un esprit distingué, une âme droite. Quand il se mêla des choses de la guerre, il ne fit rien à l'aventure ; il s'instruisait avec les plus habiles, imitait les plus vertueux, ne briguait rien par vanité, ne refusait rien par faiblesse ; il avait en horreur les intrigants, méprisait les serviles. Nous voyons déjà, par tout cela, que s'il eût vécu de nos jours, ce n'eût pas été un radical.

La patrie d'Agricola a, jusqu'à présent, résisté à peu près aux démagogues. On n'a pas retiré son enseigne au « café Jules César », et je lis encore sur les murs des affiches où les amis de M. Ollivier ont, sous l'Empire, recommandé sa candidature. Il y a ainsi, dans le département, quelques places de sûreté pour les conservateurs, Lorgues, Brignoles, Saint-Tropez. Le reste du département est livré aux radicaux. On s'attendait qu'habitué aux orages de l'Océan, M. Laporterie, devenu préfet, ferait résolûment tête aux orages démagogiques. Il n'en est pas tout à fait ainsi, paraît-il. M. Laporterie, s'inspirant trop fidèlement de la politique de M. Thiers, met ici tous ses soins à contenter les conservateurs sans mécontenter les radicaux, et à satisfaire les radicaux sans blesser trop ouvertement les conservateurs. Il en résulte que le radicalisme fait dans le Var chaque jour des progrès plus menaçants, et que les conservateurs qui, il y a vingt mois, étaient fort disposés à suivre M. Thiers, sont aujourd'hui fort refroidis et supportent la République comme le mistral. Un journal est allé jusqu'à dire que M. Laporterie avait pris des engagements secrets avec les radicaux. C'est calomnie pure, je le veux croire, mais il est fâcheux qu'on ait pu le dire. Il y a vingt mois, M. Thiers jouissait ici d'une grande popularité. A part un petit nombre de légitimistes à Lorgues, à Brignoles, à Fréjus et sur quelques points isolés du département, la grande masse conservatrice acceptait assez volontiers l'idée d'un essai de la République. Les hommes d'ordre s'étaient montrés, aux élections du 8 février, accommodants au point de mettre M. Jules Favre sur leur liste de candidats. C'était alors une des manières de prouver qu'on ne voulait pas de mal à la forme républicaine! Les sentiments des conservateurs en général étaient assez bien représentés par le nom de M. Dufaure. Tout ce qu'on demandait au régime nouveau, c'était de mettre un terme à l'odieuse oppression qui, depuis le 4 septembre, avait pesé sur le département. Si M. Thiers eût rétabli ici l'ordre et eût assuré aux honnêtes gens la sécurité, il aurait fait sans peine, non de tous, mais d'une majorité, des républicains sans arrière-pensée. Au lieu de cela, après « vingt mois de présidence », les choses en sont encore où elles en étaient le premier jour, et on peut se demander si, une de ces nuits,

M. Cotte ne reviendra pas réclamer son lit à M. Laporterie.

Hier soir, toutes portes closes, on m'a raconté ce qu'avait été, dans le Var, le Gouvernement du 4 septembre. Les honnêtes gens qui ont subi de pareilles épreuves, qui les subissent encore, sont excusables de réserver leur concours au pouvoir qui se montrera assez fort pour les en affranchir. Il n'a pas dépendu, il ne dépend encore que de M. Thiers d'être ce pouvoir-là; mais il est grand temps qu'il répare le mal. Les pires démagogues sont, dans le Var, les maîtres, les maîtres absolus. Le règne du 4 septembre a été, dans ce département, pour les conservateurs, le règne de la plus exécrable terreur, et cette terreur n'a pas cessé du 5 septembre au 4 avril. Les honnêtes gens, à Draguignan et à Toulon, ont connu toutes les angoisses, toutes les appréhensions. On cite trois magistrats des tribunaux de première instance qui ont été arrêtés, emprisonnés, menacés. Un citoyen Davin, trois fois condamné en justice, et nommé, malgré ces antécédents, commissaire central de la police à Toulon, donna l'ordre, dans la prison, de brûler la cervelle au président du tribunal dont la personne lui était confiée. Les gardes civiques étaient chargées des exécutions de ce genre. L'homme sous l'administration duquel ces faits se sont passés est aujourd'hui député, membre du conseil général, maire de Salernes : un M. Maurel, sous-préfet de Toulon pendant la dictature de M. Gambetta, après avoir présidé aux arrestations arbitraires, marche aujourd'hui la tête haute, est l'homme de main des députés, organise leurs manifestations. Les radicaux de Draguignan, après le 4 septembre, voulurent occuper les églises pour y tenir leurs clubs. Il y eut transaction : on leur abandonna une vieille église, l'église des Minimes. Les vases sacrés furent enlevés; on couvrit de toiles les statues; l'orgie commença : ce fut pendant tout l'hiver une suite non interrompue de délibérations insensées, de déclamations et de divagations démagogiques d'une violence inouïe. Quelques conservateurs circonspects avaient fui devant des menaces significatives : on décida que leurs demeures seraient ouvertes, occupées par les « défenseurs de la patrie », et que leurs meubles seraient vendus à l'encan. Il s'en fallut de peu que ces menaces ne fussent réalisées. Au club tenu à l'église des Minimes, à Draguignan, quand l'attention de l'assemblée commençait à languir, un orateur montait dans la chaire, il entamait quelque grand discours, puis tout à coup... il s'arrêtait. « Je me sens mal à l'aise — disait-il — dans cette chaire de mensonge, d'où les prêtres ont trop longtemps versé l'imposture », etc., etc...; et il descendait pour aller parler d'une autre place. C'étaient des applaudissements, des cris et des rires sans fin. Ce jeu de scène, quoique souvent répété, avait toujours le plus grand succès. A Toulon, un nommé Brun, ancien agent de police, dans une réunion tenue à la salle de l'ancien théâtre, déclarait « qu'il fallait, *comme nos pères en* 1792, installer l'échafaud sur les places publiques et faire disparaître les *riches, qui constituent par eux-mêmes une insulte à la misère du peuple* ». Il proposait une autre fois la potence, et promettait « qu'il secouerait lui-même les victimes par les pieds pour se bien assurer que la pendaison avait produit son effet ».

Un comité de défense s'était installé à l'hôtel de la préfecture à Draguignan. Un jour, le commandant du dépôt, ayant émis un avis contraire aux volontés des radicaux, fut, en pleine séance, menacé de mort. Les honnêtes gens, sans cesse sur le qui-vive, craignaient à chaque instant d'être arrêtés. Le barreau de Draguignan compte un certain nombre d'avocats fort honorables et fort distingués. L'un d'eux, chargé de défendre devant la cour d'assises un accusé, n'osait aller le voir dans sa prison; il craignait que, s'il y entrait, il ne lui fût plus possible d'en sortir. Au moment des élections du 8 février, toute liberté cessa absolument. Les gardes champêtres, tous renouvelés au 4 septembre, furent employés à porter les bulletins de vote, et devinrent les prôneurs les plus actifs des candidatures radicales. Ils croyaient que leurs positions un peu précaires ne seraient tout à fait consolidées que par le succès de ces candidatures; ils avaient tout à y gagner, rien à y perdre. Ce fut merveille de les voir à l'œuvre : l'Empire n'avait jamais fait pis. Le préfet accorda quarante-huit heures de congé au gardien-chef de la prison pour distribuer à la porte de la mairie des bulletins de vote. La liste radicale portait à côté du nom de M. Gambetta celui de M. Ledru-Rollin. Aujourd'hui, si on refaisait cette liste, les radicaux y joindraient, pense-t-on, le nom de M. Thiers. Les affiches qui ne portaient pas les noms de MM. Gambetta et Ledru-Rollin étaient déchirées par les maires.

Un peu plus tard, à une élection partielle, on vit un jeune avocat de Lyon, nommé secrétaire général de la préfecture du Var, s'en aller faire dans le département des tournées électorales pour recommander la candidature de son ami et confrère M. Ferrouillat. Celui-ci, complétement étranger au département du Var, fut nommé. Par un décret en date du 25 novembre, Gambetta avait ordonné la création de onze camps. Chacun de ces camps devait contenir soixante mille hommes. Les camps de Saint-Omer, Cherbourg, la Rochelle, et le camp du Pas-des-Lanciers, près de Marseille, devaient, par exception, recevoir un effectif de deux cent cinquante mille hommes. De ces camps, le plus célèbre est jusqu'à présent celui de Conlie. Le camp des Alpines mériterait bien aussi cependant d'avoir son histoire. Aurai-je le temps de la faire ? La fantasmagorie de ces camps tourna dans le Midi toutes les têtes. Outre les onze camps, dit *stratégiques*, de M. Gambetta, chaque département tint à honneur d'avoir son camp à lui. Le Var eut le sien sur la plage de Cavalaire, entre Toulon et Fréjus. Fort dispendieux, absolument inutiles durant la guerre, ces camps n'eurent d'utilité réelle que pour les élections. Au camp de Cavalaire, une proclamation de M. Laurier, porté sur la même liste que M. Ledru-Rollin, fut lue aux troupes rassemblées à l'*ordre du jour*. La plupart de ces faits monstrueux nous furent signalés au mois de février même, le *Français* les publia dans son édition de Bordeaux : ils ne furent pas démentis. L'homme de cœur qui nous les avait révélés, en nous donnant son nom pour garantie, fut l'objet de menaces ; il reçut bon nombre de lettres anonymes. Ce régime a-t-il cessé ? Nullement : les hommes qui ont usurpé tous ces pouvoirs, violé sur tous ces points les droits des citoyens et les lois, sont députés, conseillers généraux, conseillers municipaux, conseillers d'arrondissement, occupent toutes les fonctions électives et une partie des autres. Dans un canton, les conservateurs ayant nommé un des leurs, M. de Clappiers, conseiller général, l'élection a été cassée ; une seconde fois, le même candidat a été nommé, l'élection a été encore cassée. Le crime de ce candidat, fort honorable et fort considéré dans le pays, était d'avoir parlé irrévérencieusement dans un journal de « la queue du parti républicain ». Dégoûté, découragé, M. de Clappiers a renoncé à la lutte : moins obstiné que M. Mistral-Bernard qui, nommé quatre fois conseiller général pour le canton de

Saint-Remy, dans les Bouches-du-Rhône, a vu casser quatre fois son élection par les radicaux du conseil général de son département, et n'en continue pas moins fort résolûment la lutte. Le parti conservateur dans le Var n'a pas, malheureusement, à sa tête beaucoup d'hommes aussi énergiques que M. Mistral-Bernard.

L'organisation des « chambrées », dont je vous ai déjà parlé, est très-forte à Draguignan. Chacune de ces chambrées a un nom : il y a la « *chambrée des Jeunes Romains* », la « *chambrée des Vieux Romains* », celle des « *Amis de l'homme* ». Le procureur de la République voulait poursuivre ces associations. Le préfet les a couvertes, dit-on, d'une autorisation. Avec l'assistance des misérables qui ont tenu sous leur tyrannie odieuse les honnêtes gens du Var durant tout l'hiver de 1870-1871, les députés radicaux viennent d'achever dans ce département toute une tournée de manifestations. Ce que M. Gambetta a fait dans l'Isère et dans la Savoie, MM. Naquet et Gent l'ont imité dans le département de Vaucluse, MM. Challemel-Lacour et Bouchet dans les Bouches-du-Rhône, MM. Tolain et Dréo dans le Var. Partout, sous prétexte de réunions privées, ç'a été de grandes manifestations. A Besse, le 29 septembre, le banquet radical a eu lieu dans la salle de l'école communale. Trois cents « républicains » y assistaient. A Draguignan, le 8 octobre, la réunion « privée » comptait quatre cents personnes de la ville et des environs. A Roquebrussane, le 24 octobre, un correspondant du *Progrès du Var* lui écrivait qu'à l'occasion du passage de Dréo, « *presque toute la population* s'était empressée de se rendre à l'invitation qui lui avait été faite pour une réunion *privée* ». Il est bien entendu qu'en dépit des avertissements, des recommandations et des injonctions de M. le ministre de l'intérieur, la plupart de ces manifestations ont été organisées par les municipalités. A Toulon, la municipalité a si bien fait les choses qu'elle a mis les salles du Musée à la disposition de M. Naquet, et que c'est dans cet édifice public que le député de Vaucluse a éclairé les « républicains » toulonnais sur les intentions perverses de « l'Assemblée de Versailles ». On ne dit point que M. Naquet ait expliqué l'affaire des canons; mais cette intéressante victime des calomnies monarchiques a trouvé près des maire, adjoints et conseillers municipaux d'ici, toutes les consolations dont son âme républicaine pouvait avoir besoin.

NEUVIÈME LETTRE.

Perpignan, novembre.

Les Pyrénées-Orientales sont le paradis de radicaux; ils y coulent des jours tissus d'or fauve et de soie rouge. Si les préfets que, pour la forme, leur envoie M. Victor Lefranc, les gênaient, ils les enverraient en Espagne; mais le gouvernement, qui sait cela, a eu soin de confier tour à tour la préfecture de Perpignan aux administrateurs les plus bénévoles. M. Jousserandot est resté fameux : il veut faire oublier aujourd'hui dans la Marne sa gloire des Pyrénées-Orientales; cela n'est pas facile. M. Cantonnet avait, quand il était préfet à Perpignan, une première manière à laquelle il a fort heureusement renoncé dans le Rhône. Croyez bien que cette première manière plaisait fort aux

radicaux roussillonnais. Enfin on m'assure que
M. Babaud-Laribière n'a point un cœur d'airain
pour les FF∴ dont il a été le grand maître.
Qu'est-ce qu'un préfet dans les Pyrénées-Orientales ? Un fonctionnaire chargé d'informer le
gouvernement de l'inexécution des lois et du
mépris de l'autorité; c'est là un rôle modeste :
encore si M. Babaud-Laribière tenait à le remplir consciencieusement, le « grand architecte
de l'univers » sait quel travail s'imposerait le
G∴ O∴ préfet des Pyrénées. Ce serait de la
conscience bien mal employée : à quoi bon troubler la sérénité présidentielle, et gâter la douce
quiétude dans laquelle M. Barthélemy Saint-Hilaire entretient son illustre ami? Le Roussillon est si loin !

Venant ici, j'aurais, vous le comprenez, voulu
être admis à contempler les principaux chefs du
radicalisme roussillonnais. Hélas! en ce moment
quelques-uns sont en Espagne. La plupart ont,

m'a-t-on dit, dans le Roussillon, le siége principal de leurs affaires, et en Catalogne une petite succursale. Un préfet du 4 septembre dans l'Aude, M. Raynal, était resté négociant tout en devenant préfet. La maison Raynal avait son comptoir à Barcelone. Pendant la guerre, on raconte que ce personnage se servait de la franchise administrative pour les petits intérêts de son commerce particulier; le consul de France à Barcelone était chargé de faire passer *franco* les dépêches de la maison Raynal et Cie. C'est le compte de la liquidation qui aura payé cela; car, sur les lignes étrangères, le gouvernement paye les dépêches de nos agents. Un bon nombre de radicaux en disponibilité ou du cadre de réserve sont passés en Catalogne sous prétexte de combattre pour don Carlos. Des bandes mi-françaises, mi-catalanes, très-radicales, fort peu monarchiques, s'y sont formées et tiennent la campagne.

L'autre jour, trois diligences sur la route qui

conduit de Perpignan et de Port-Vendres à Barcelone ont été arrêtées. Les voyageurs ont été dépouillés. On entend encore les cris d'un Anglais qui, par malheur, avait emporté quinze mille francs dans son portefeuille. Un pauvre négociant d'ici était allé toucher de l'argent à Barcelone ; il est revenu moins riche qu'il n'était parti. Je ne veux pas rendre nos radicaux responsables de toutes les horreurs que commettent dans le nord de l'Espagne des misérables qui ne sont partisans ni de don Carlos ni d'Amédée, mais pillent, volent et assassinent au nom du roi, sans dire lequel. Ce qui est certain, c'est que les rapports sont constants entre les démagogues français et Barcelone. Vous savez qu'un des principaux centres de l'Internationale ibérique est la capitale de la Catalogne. Le *Diario de Barcelone* a publié sur ce sujet de curieux articles que je vous recommande.

C'est à Béziers que nos radicaux avaient, il y

a quelque temps encore, le principal siége de leurs opérations dans le Midi. Depuis six semaines, sans qu'on sache pourquoi, ce quartier général a été transporté à Narbonne. De Narbonne à Barcelone et de Barcelone à Narbonne, les communications ont lieu quotidiennement. On prétend que Dijon, l'un des chefs de la Commune de Narbonne au 27 mars, est toujours sur la route. Plusieurs des misérables qui ont été condamnés par contumace, à Rodez, pour avoir pris part à ce mouvement, se sont réfugiés en Espagne. On assure que, malgré leur condamnation, on en a revu plusieurs, ces derniers temps, à Perpignan. Plus d'un conservateur d'ici m'a confié qu'il considérait comme très-heureux pour nous que l'Espagne fût dans l'état que vous savez : « Gare à nous, si elle parvient à chasser de chez elle les brigands ; pour sûr ils reviendront chez nous. » Voilà une manière assez particulière de considérer les conséquences du mouvement carliste.

Le maire de Perpignan est M. Escarguel, le député radical. Ce n'est pas, comme on dit ici, « un méchant homme ». Très-grand, très-fort, Lazare Escarguel a fait le commerce des grains; il connaît mieux les farines que les questions politiques. Il est le grand ami d'Emmanuel Arago, qui est fils de François, lequel François Arago, né à Estagel, est, comme vous savez, la meilleure gloire du Roussillon. Un reflet de cette gloire est allé tomber sur Lazare Escarguel, « comme un rayon de lune sur le cuivre d'une casserole ». J'ai trouvé ici cette comparaison pittoresque, et je l'ai recueillie. N'étant rien que par ses amis, Escarguel leur doit tout, dépend absolument d'eux et n'a sur eux aucune action. C'est le cas des trois quarts de ces parvenus de la « nouvelle couche sociale ». On me racontait l'autre jour l'histoire de Clovis Papinaud, maire de Cuxac. Elle a son prix. Cuxac est une bourgade de l'Aude. Clovis Papinaud est, malgré son prénom monarchique, maire « républicain » de Cuxac. Avant d'être maire et conseiller général, — car il est les deux, — il était ouvrier tonnelier. Il eut pour concurrent à je ne sais quelle élection un notaire fort honorable du pays, M. Rouquerol. Bien entendu, il l'emporta. Le soir de l'élection, il allait racontant la défaite de Rouquerol, et, se frottant les mains, il disait : « Comme je l'ai bien *enfûtaillé!* » Voilà un spécimen de la langue parlementaire dans les « pays rouges ». Les habitants de Cuxac, après avoir donné leurs voix à Clovis Papinaud, n'eurent qu'un chagrin : c'est que Clovis, vêtu de vieux, ne leur faisait pas honneur. Il fut décidé qu'on se cotiserait pour acheter à Clovis des vêtements neufs, pantalon, gilet et redingote. Ainsi équipé, il ferait meilleure figure de maire à Cuxac et représenterait plus convenablement le canton de Cuxac au conseil général, à Carcassonne. Les vêtements furent achetés, remis, endossés; mais le bruit court que Clovis met ses habits contractuels et sa culotte impérative pour aller ailleurs qu'à la mairie et au conseil général : les habitants de Cuxac se demandent comment obtenir que Clovis fasse la différence entre la chose privée et la chose publique. Étonnez-vous, après cela, que des hommes comme Lazare Escarguel et Clovis Papinaud n'aient aucune influence sur les imbéciles qui les ont faits ce qu'ils sont, et à qui plusieurs doivent leur culotte neuve.

Cet infortuné Lazare Escarguel! il sait par cœur tout ce que M. Barthélemy Saint-Hilaire a écrit sur la République conservatrice, et il met de son mieux à profit les belles leçons que le secrétaire de la Présidence a prodiguées aux radicaux. Le mois de septembre a fourni à Lazare Escarguel plusieurs occasions pour recommander à ses amis la sagesse et la modération. Mais il a pu voir qu'il était quelquefois plus facile de parler que de se faire entendre. Le 4 septembre, les radicaux se préparaient à célébrer l'anniversaire de la République. Escarguel les adjura de « faire le sacrifice de l'expression de leur joie »; il leur demanda que « les fêtes patronales ne fussent pas un prétexte de démonstrations intempestives »; il les conjura d'ajourner à un an le plaisir de venir « à la face du monde » proclamer leur foi politique. Malgré ces belles recommandations, en dépit des instructions répétées de M. le ministre de l'intérieur, le 4 septembre fut célébré avec tout l'éclat que la démocratie roussillonnaise put trouver. Les platanes portèrent des lanternes vénitiennes. Une étoile de feu fut disposée sur le bonnet de la République. Jusqu'à deux heures du matin, on cria : « Vive Paris! Vive la guillotine! Vive la Commune! » Dans tout le département, du reste, il en fut des instructions de M. le ministre de l'intérieur comme si M. Victor Lefranc avait chanté *Turlurette,* au lieu d'adresser aux préfets la grave circulaire que vous savez.

Thuir est un gros chef-lieu de canton au pied des montagnes. Je vous dirai une autre fois de quelle manière le maire de Thuir entend la liberté individuelle. Le 4 septembre dernier, on avait fait venir exprès d'Espagne à Thuir neuf musiciens qui figuraient les neuf Muses, et firent danser une farandole qui dura de deux heures de l'après-midi à dix heures du soir.

Truillas est un petit village aux portes de Thuir. L'an dernier déjà, le 4 septembre avait été, pour les radicaux de Truillas, un bien beau jour. Les vieillards, dans quarante ans, raconteront à leurs enfants les splendeurs de cette fête républicaine. Dès quatre heures du matin, les cloches sonnaient, et du haut du clocher des coups de fusil patriotiques réveillaient les conservateurs endormis. Quelques heures après, la garde nationale, qui avait encore ses armes et son tambour, se rendit solennellement à l'église. Un chœur de jeunes filles suivait le tambour : elles avaient des robes blanches bordées de rouge. Ce cortége carnavalesque pénétra dans l'église. Les plus diserts de la bande commencèrent à prêcher, vous pouvez imaginer en quels termes. Puis on chanta la *Marseillaise* en manière de *Te Deum* républicain. Au couplet : « Amour sacré de la patrie », sur un commandement du capitaine de la garde nationale, tout le monde s'agenouilla. Cette cérémonie terminée, les radicaux sortirent de l'église profanée et commencèrent une suite de chants et de farandoles qui durèrent jusqu'à la nuit. Le maire, M. Poumayrol, officier de santé et l'un des purs du radicalisme roussillonnais, chaussé d'espadrilles rouges et mêlé au groupe le plus tapageur, parcourait les rues de Truillas en menant une farandole échevelée et en criant : « A bas les inquisiteurs! » Vous pensez que cette démonstration eut du retentissement dans le département. Mgr l'évêque de Perpignan, grave, doux et ferme, dès qu'il fut informé de ce qui s'était passé, rendit une ordonnance par laquelle il prescrivait que l'église de Truillas serait interdite pendant quinze jours et que des prières expiatoires auraient lieu dans toutes les églises du diocèse. Le préfet, qui avait le droit de destituer le maire, le suspendit. Heureusement que le parquet s'en émut. Le maire Poumayrol et ses complices durent expier par quelques mois de prison leurs effusions de joie républicaine. Croyez-vous que cette leçon a rendu plus sages les radicaux de Truillas? Cette année, les farandoles ont recommencé au 4 septembre, et c'est un condamné de l'an dernier qui conduisait la plus tapageuse.

A Ille, gros bourg là-bas dans la plaine, ce fut, le 3 et le 4, un véritable carnaval; le 3, des

pétards, des chants, des processions préludèrent
aux grandes réjouissances ; le 4, on avait juché
sur un piédestal une « Marianne » : on dansa
toute la journée devant elle ; sur le soir, le sous-
préfet intervint. Cette intervention eut pour effet
de faire substituer une bouteille et un verre à
l'image de la République radicale. A Estagel, la
fête a duré jusqu'au 5. Ce jour-là, M. Emmanuel
Arago est arrivé. La municipalité, les adjoints
sont allés au-devant de l'illustre député. On a
ensuite dansé une farandole. A Prades, on avait,
sous une image de la République, découpé ce
passage d'un article du *Bien public :* « Seule la
République trouve des milliards. » Vous voyez
que si les recommandations de l'autorité n'ont
pas été suivies à Perpignan, ce n'est pas M. Escarguel qui seul a été coupable. Ç'a été bien
autre chose pour le 21 septembre. Ce jour-là,
les instructions adressées par M. le ministre de
l'intérieur étaient plus précises encore que le

4 septembre. Mais les républicains de Perpignan sont inventifs : ils imaginèrent que ce jour-là était la Saint-Matthieu. Peut-on défendre de fêter saint Matthieu ? Déjà à Tarascon, les radicaux ont fondé une société de secours mutuels en l'honneur de sainte Rosalie, sous prétexte que, la fête de cette sainte tombant le 4 septembre, sainte Rosalie doit être la patronne de la République. Pour honorer saint Matthieu, les républicains de Perpignan dressèrent un arc de triomphe dans une des rues de la ville, la rue Saint-Martin ; trois panneaux triangulaires ornaient cet arc triomphal. Sur l'un des panneaux, saint Martin était représenté coiffé du bonnet phrygien. Sur l'autre on lisait cette inscription :

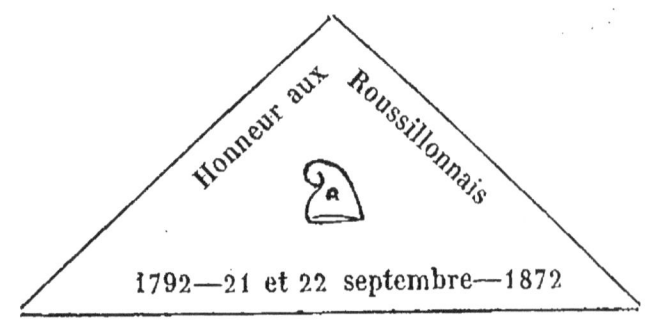

Le troisième panneau était bien autrement éloquent : il représentait la mer avec la Nouvelle-Calédonie d'un côté, la France de l'autre, et deux petits bateaux à vapeur faisant le trajet. Depuis quelques jours, M. Babaud-Laribière avait quitté Perpignan pour aller se reposer ou peut-être veiller aux intérêts de la franc-maçonnerie. Il avait laissé à M. de Lamer, son secrétaire général, le soin de garder les radicaux. L'arc de triomphe de la rue Saint-Martin causa, comme vous pensez, à M. de Lamer un certain ennui. Le bonnet phrygien n'est pas un des attributs ordinaires de saint Martin. Le petit triangle ne pouvait être considéré comme un emblème religieux ; mais la vue de la Nouvelle-Calédonie suggérait surtout de graves réflexions. Que voulaient dire ces petits bateaux ? allaient-ils en Océanie ? en revenaient-ils ? emportaient-ils M. Rochefort ? ramenaient-ils M. Cavalier dans les bras de M. Gambetta ? Le secrétaire général de la préfecture des Pyrénées, après avoir réfléchi, s'aboucha avec les « radicaux », leur fit des représentations, et les amis de M. Escarguel, qui sont aussi ceux de M. Thiers, promirent que l'arc de triomphe avec ses panneaux serait enlevé. Parole donnée ne fut pas tenue.

Il y a à Perpignan, à la tête de la 11° division militaire, un général qui, dit-on, n'exagère pas les ménagements dus aux radicaux. Je ne sais comment il se fit que le général Lapasset envoya à cinq heures du matin un bataillon qui occupa les issues de la rue Saint-Martin. Il se trouva là aussi, par hasard, un peloton de sapeurs. Ces sapeurs osèrent porter une main sacrilége sur l'arc de triomphe, la vue de la Nouvelle-Calédonie et le petit triangle. Le tout fut transporté à la citadelle et confié au capitaine Gois. C'est le capitaine Gois qui a gardé Blanqui au fort du Taureau, dans la baie de Morlaix. Il tient aujourd'hui sous clef les débris du culte que les radicaux roussillonnais voulaient rendre à saint Martin, le jour de la fête de saint Matthieu. Les conservateurs d'ici prétendent que les matériaux du petit arc de triomphe seraient rendus aux amis de M. Escarguel s'ils voulaient fêter la Saint-Antoine. Donner aux radicaux saint Antoine pour patron, c'est là une de ces mauvaises plaisanteries comme les réactionnaires du Midi s'en permettent trop souvent.

DIXIÈME LETTRE.

Perpignan, novembre.

En arrivant ici l'autre jour, j'ai voulu connaître par leurs noms les radicaux, maîtres de céans. Il y a dans chaque département une sorte d'annuaire administratif, où l'on trouve les noms des fonctionnaires, la composition des corps électifs, les adresses des notables et la date des foires. L'Annuaire des Bouches-du-Rhône est un gros volume de huit cents pages, qui se vend neuf francs; celui des Pyrénées-Orientales est un petit livret, vert, du format des almanachs de Mathieu Lænsberg, et qui se vend soixante-quinze centimes. J'allai le lire au café de la « Grande Loge ». Le café de la Grande Loge est le mieux fréquenté de Perpignan, les officiers de la garnison y viennent régulièrement et les radicaux y viennent peu. L'Annuaire des Pyrénées-Orientales est plein de renseignements curieux. L'éditeur, après avoir rappelé que ce fut l'Assemblée nationale qui créa le département des Pyrénées-Orientales, quand, « par son fameux décret », elle divisa la France, ajoute avec componction : « *A cette époque de* » *rénovation,* il ne nous paraît pas déplacé de » noter ici que les départements étaient régis » par des administrateurs *élus*, et ce fut le pre- » mier consul Bonaparte qui, aux termes de la » Constitution de l'an VIII, se réserva le droit » de nommer les préfets. » N'avoir à la tête du gouvernement pour représenter l'autorité centrale qu'un administrateur élu, voilà le rêve des radicaux ! La présence à Perpignan d'un préfet nommé par le « gouvernement de Versailles »

leur paraît une sorte d'injure permanente.
M. Lazare Escarguel, maire de Perpignan,
MM. Guiter et Carcassonne, ses adjoints, tiennent, d'après la loi, leur pouvoir du gouvernement. Ils ne l'entendent pas ainsi. M. Lazare
Escarguel a soin de protester, toutes les fois
qu'il en a l'occasion, qu'il est « maire élu ».
MM. Guiter et Carcassonne ne veulent pas davantage être adjoints « nommés »; ils sont adjoints « élus ». La municipalité de Perpignan
agit en conséquence. Si le « gouvernement de
Versailles » est reconnu dans le Roussillon,
c'est d'une manière platonique. Les choses sont
ici demeurées à peu près ce qu'elles étaient aux
plus mauvais jours du gouvernement de la
défense nationale et de la dictature de M. Gambetta. M. Victor Lefranc peut adresser à
M. Babaud-Laribière toutes les circulaires qu'il
voudra : la « nouvelle couche sociale » a recouvert complétement l'autre couche; que M. Gam-

betta succède demain à M. Thiers, il n'y aura à peu près rien à changer dans les Pyrénées-Orientales : les Roussillonnais éliront préfet M. Babaud-Laribière et tout sera dit.

Vous rappelez-vous l'état de Paris durant les quarante jours qui précédèrent le 18 mars 1871 ? Le gouvernement était à Bordeaux, et nous vivions sous la menace du Comité central en activité et de la Commune en préparation. Les municipalités étaient maîtresses, et, à l'exception de quelques-unes, elles étaient aux mains des scélérats qui avaient fait le 31 octobre et le 22 janvier. Voilà l'état des Pyrénées-Orientales. Partout, de Port-Vendres à Estagel, et de Leucate à Saillagousse, les municipalités roussillonnaises sont occupées par les misérables qui s'en sont emparés au 4 septembre. Établie durant l'hiver de 1870 à 1871, la terreur n'a pas ici cessé. Sans le général Lapasset et la garnison de Perpignan, le département serait à l'état d'insurrection ouverte. Dans chaque village, les honnêtes gens sont chaque jour menacés, insultés, outragés; on les frappe, on les hue; ils sont dûment avertis qu'au prochain jour ils auront à rendre leurs comptes; on leur rappelle les souvenirs de 1793. A Perpignan même, l'oppression exercée par les radicaux garde quelque mesure, mais les tyrannies dans les villages sont terribles. Les délits contre les personnes et contre les propriétés sont impunis dès que la victime n'est pas suffisamment « républicaine ». Est-ce donc un mal de piller en détail la propriété réactionnaire et d'asséner quelques coups sur les épaules d'un partisan de la monarchie quand on le rencontre isolé et sans défense? Le garde champêtre, qui est l'homme de M. le maire, ferme les yeux, et M. le maire lui-même ne serait point sévère pour l'électeur dont il a eu le suffrage. Y a-t-il dans es Pyrénées-Orientales exemple d'un maire qui se soit jamais souvenu qu'il devait dénoncer au procureur de la République les délits dont il avait connaissance? J'en doute fort. Ce serait déjà beaucoup si les maires laissaient à leurs administrés le privilége de violer les lois! Que M. le garde des sceaux soit obligé par un vote de l'Assemblée de fournir la nomenclature des maires, adjoints et conseillers municipaux poursuivis dans le Midi, depuis un an seulement, pour abus d'autorité, arrestations arbitraires, violations de domicile. Il sera curieux de publier ce document : ce sera un appendice utile au Message de M. Thiers et au dernier discours de M. Victor Lefranc. On prétend ici que M. Emmanuel Arago s'est engagé à proposer à l'Assemblée le rétablissement de l'article 75 de la Constitution de l'an VIII. L'abrogation de cet article est le seul fait que les radicaux roussillonnais trouvent à reprocher au gouvernement du 4 septembre. Un magistrat courageux

disait en plein tribunal, cet été, à propos d'un petit village de l'Aude : « Personne
» n'ignore que dans cette localité règne une
» sorte de terreur; les gens les plus tran-
» quilles, les plus honorables, ne peuvent faire
» un pas dans la rue sans être exposés à ren-
» contrer un regard menaçant. » Ce qui au mois de juin dernier était vrai dans l'Aude est, à l'heure présente encore, parfaitement vrai dans maint village du Roussillon.

Vraiment je me reprocherais de vous raconter sur le ton plaisant les crimes qui se sont commis ici depuis le 4 septembre; les coupables plus ou moins impunis marchent le front haut. Il y a ici des femmes dont les maris ont été assassinés au lendemain du 4 septembre par les radicaux. Je suis allé tout à l'heure saluer le colonel Pays. Il a été assommé à coups de crosse, en plein jour, sur une place de Perpignan, laissé pour mort : il a souffert plusieurs mois avant de revenir à la vie et à la santé. On frémit d'indignation en entendant certains récits. C'est la honte au front qu'on reçoit les plaintes de tant de victimes que la faiblesse du gouvernement n'a pas su venger ici, et que demain peut-être il ne saurait pas défendre!

Après le 4 septembre, il s'était abattu à Perpignan une nuée de bandits qui, joints à ceux du pays, tinrent le Roussillon sous la terreur. Ce n'est que toutes portes fermées qu'on m'a raconté les tragédies qui se sont jouées ici durant le gouvernement de la défense nationale et l'administration de M. Jousserandot, alors préfet des Pyrénées, aujourd'hui préfet de la Marne. Vous vous rappelez la fameuse proclamation par laquelle M. Gambetta apprit à la France la capitulation de Metz. Non-seulement Bazaine était formellement accusé d'avoir trahi, mais l'armée tout entière était livrée aux soupçons. Cette proclamation alluma ici des colères sauvages.

Au moment où la discipline était le plus nécessaire, toute la nation se trouvant armée, les chefs étaient dénoncés aux soldats. Un jour, le brave colonel Pays, qui commandait la place de Perpignan, est appelé près du général placé alors à la tête de la division. Quelques symptômes d'insubordination s'étaient produits à la citadelle. Des gardes nationaux de la ville étaient montés sur les glacis, invitant de là les soldats à sortir et à venir fraterniser. Il n'y avait guère dans la citadelle que des recrues mal disciplinées, faciles à entraîner. Le général voulait conférer à ce sujet avec le commandant de place. Le colonel Pays sort de la rue pour se rendre où il est appelé. A peine hors de chez lui, il rencontre une bande armée de fusils, qui semblait aller et venir par la ville. Le colonel fait quelques pas; cette bande le suit. Il se retourne : « C'est à moi que vous voulez avoir affaire? » leur crie-t-il. — « Non, non », répondent-ils, et ils s'arrêtent. Le colonel continue. Quelques minutes après, au moment où il atteint une petite place, il est frappé par derrière. On lui assène un, deux, trois, quatre coups de crosse sur la tête. Il tombe baigné de sang. On lui arrache son épée. Il a perdu connaissance; on le croit mort. Peu à peu il revient à lui; il entend les cris des forcenés : « Il est mort... Achevons-le !... Il faut le jeter à la rivière... » Les cris diminuent un moment. Les assassins se sont éloignés. Le colonel ouvre les yeux, se soulève; on l'enlève, et on le porte à l'hôpital. Il y passe quelques mois entre la vie et la mort. En même temps que le colonel Pays, sur un autre point de la ville, le commandant de gendarmerie était l'objet d'une agression semblable. Et le préfet? On raconte qu'au moment où le désordre commençait, un brave homme, témoin de ce qui se passait, courut à la préfecture. — « Monsieur le préfet? — Il ne peut recevoir. » La consigne était absolue : en vain exposa-t-on ce qui arrivait. Le préfet ne put recevoir : il ne reçut que la nouvelle de l'assassinat du colonel et du commandant de gendarmerie. Le lendemain, sans doute, les coupables furent arrêtés, condamnés? Nullement. Quand le colonel Pays se promène sous les platanes de Perpignan en fumant son cigare, il regarde entre les yeux les Catalans qu'il rencontre; jusqu'à présent, il n'a reconnu personne.

Pia est un gros village à six kilomètres de Perpignan : un jour, vers la fin de l'après-midi, un cafetier de ce village, grand radical, qui s'était de son chef improvisé capitaine de la garde nationale, arrive à la préfecture de Perpignan. Il demande M. Jousserandot. On le reçoit. Il raconte que Pia est en révolution : « le drapeau blanc a été arboré sur le clocher, et on assassine les républicains. » Sans plus sérieux examen, le préfet mande un capitaine de la garde nationale de Perpignan, et lui donne l'ordre de partir pour Pia avec cinquante hommes. Le temps de rassembler cette troupe, la nuit est venue : il est sept heures. La colonne se met en marche. Aux cinquante hommes commandés s'en joignent sept ou huit cents, bande immonde, composée de tous les francs-tireurs plus ou moins espagnols qui grouillent, à Perpignan, dans les cafés et ailleurs. Des femmes suivent, voulant être de l'expédition. On part ainsi en guerre; les armes sont chargées. A peine arrivés à Pia, un poste est placé à l'entrée du village. Le capitaine de la troupe se rend à la mairie. Il est neuf heures du soir. Le village est dans le calme le plus complet. Les républicains dorment en paix près des conservateurs, et le clocher ne connaît pas le drapeau blanc. A peine quelques braves gens devisent-ils paisiblement sur les événements, assis autour des tables d'un café. Tout à coup ce café est envahi : les malheureux sont saisis, garrottés, entraînés hors du village. Les bandits venus de Perpignan se répandent sur la place et dans les petites rues de Pia. A toute porte qui s'entr'ouvre, ils tirent des coups de fusil, ils frappent à celles qui ne s'ouvrent pas. Les radicaux du lieu escortent les radicaux venus de Perpignan ! Quiconque est soupçonné de n'aimer point la République est arrêté. On fait lever le curé, qui était au lit. On veut l'emmener. On l'épargne à cause de son âge ; mais on cherche le vicaire. Celui-ci s'est caché. On le découvre. On lui crache à la figure, on le soufflette, on lui attache les mains derrière le dos, on lui ôte ses souliers et on les lui passe au travers de la ceinture, puis on le pousse au milieu de la troupe de prisonniers; sur quelques malheureux qui veulent résister ou s'enfuir, des coups de fusil sont tirés. L'un est blessé mortellement. Il est onze heures du soir. L'objet de l'expédition est rempli. L'ordre est rétabli dans le village de Pia ! La colonne reprend sa marche vers Perpignan, emmenant avec elle soixante-douze prisonniers. Le retour fut une suite de scènes odieuses : injures, menaces, plaisanteries lugubres; de temps en temps, des coups de feu tirés au hasard dans la nuit. Les bandits s'étaient emparés, dans une maison, d'une caisse de bougies. Ces bougies éclairaient la marche : un misérable, qui suivait de près le vicaire, s'amusait à lui faire couler sur sa soutane des larmes de cire blanche. Les soixante-douze prisonniers passèrent la nuit dans la cour de la mairie de Perpignan. Le lendemain, à dix heures du matin, ils furent conduits dans la prison de la ville, au milieu des huées. Ils y restèrent deux jours. Une instruction se faisait, comme si, dans cette affaire, il fallait couvrir les crimes par la parodie de la justice. On relâcha les prisonniers, sauf trois d'entre eux, qui furent retenus sous la prévention de « résistance à la force publique ». Ceux-ci furent, après quarante-cinq jours de détention préventive, traduits devant le tribunal de Carcassonne. On avait dessaisi le tribunal de Perpignan, pour cause de suspicion. Le tribunal de Carcassonne acquitta, bien entendu, les malheureux. Mais les coupables? J'ai inutilement demandé s'ils avaient été punis : on m'a assuré qu'ils marchaient la tête haute et étaient prêts à recommencer.

Quelques jours après la tragédie dont le village de Pia avait été le théâtre, le maire de Thuir imagina de faire visiter par la force armée toutes les maisons des conservateurs. Les radicaux proféraient tout haut les menaces les plus terribles contre quiconque serait soupçonné d'avoir voté « oui » au plébiscite. Quand, à la tombée du jour, les honnêtes gens de Thuir virent qu'on faisait chez eux des visites domiciliaires et qu'on voulait les désarmer, ils crurent que, pendant la nuit, ils seraient égorgés. Le maire avait appelé le brigadier de gendarmerie de Perpignan et l'avait requis de venir avec tous les hommes de sa brigade pour aider la garde nationale à opérer des perquisitions domiciliaires. Le brigadier de gendarmerie, malgré la confusion de ces jours troublés, comprit à quelle grave mesure on voulait l'associer ; il exigea, avant d'exécuter l'ordre qu'il recevait, une réquisition écrite de la main du maire. Le maire écrivit : « Le peuple de la commune de Thuir a voulu, à tout prix, faire le *désarmement de la réaction*. Étant dans un canton très-opposé au gouvernement de la République, dans l'intérêt de l'aristocratie elle-même, j'ai cru devoir céder, pour éviter des événements regrettables, car le peuple aurait fini par me déborder. » Les perquisitions ordonnées par le maire eurent lieu : on ne trouva, bien entendu, ni armes de guerre, ni munitions chez les conservateurs; mais on enleva des fusils de chasse, des revolvers. A Estagel, patrie des Arago, pareilles choses eurent lieu.

Quand toutes les municipalités roussillonnaises sont aux mains des hommes qui, sous le gouvernement de la défense nationale, ont commis, souffert, encouragé, organisé ces violences, comprenez-vous la terreur des honnêtes gens? Ils vivent au milieu des appréhensions et des alarmes, ou plutôt ils ne vivent pas; car, me disait l'un d'eux, « ce n'est pas vivre que d'attendre tous les jours le moment où on sera égorgé ».

A une vingtaine de lieues d'ici, à Ouveillan, dans l'Aude, deux pauvres demoiselles, les demoiselles Gaillard, tenaient un bureau de tabac. C'étaient, paraît-il, les deux dévotes les plus inoffensives qu'il y eût au monde. Leur tort, aux yeux des radicaux, était qu'elles allaient trop souvent à l'église. Leurs prières causèrent de l'inquiétude aux républicains d'Ouveillan. On commença par aller en bande hurler sous les fenêtres des pauvres filles; ces hurlements démocratiques se répétèrent plusieurs soirs : elles ne bougeaient pas, n'avaient garde de sortir et priaient Dieu chez elles. Alors on les chansonna. Chaque soir elles entendaient un refrain menaçant et ordurier qu'on leur répétait en chœur. Elles prirent patience, espérant que cela finirait. La résignation des victimes irrita les persécuteurs : on lança des pierres, petites d'abord, plus grosses ensuite. Un soir, un énorme pavé brisa la devanture de leur boutique; enfin on mit le feu et on brûla leur enseigne. Les pauvres filles ont cédé et quitté le pays.

Une autre fois, c'est un vieillard de soixante-quinze ans, suspect d'être conservateur, qui, en pleine rue, se voit attaqué, outragé, souffleté par un employé de la municipalité.

Un jeune homme de Saint-Paul de Fenouillet est entré chez les Dominicains. Il y a quelque temps, il revint pour passer une vingtaine de jours chez sa mère. Il dut repartir au plus vite : il ne resta qu'une semaine. On l'insultait dès qu'il sortait ; le soir, on passait sous les fenêtres de la maison avec des flambeaux, et l'on chantait la « Chanson des curés ». Cette chanson a été colportée dans tous les villages sous l'administration de M. Jousserandot, et tous les mauvais drôles la savent par cœur. C'est une sorte de chant de haine et de guerre contre les « riches », les « grands généraux » et les « curés ». Je ne sais quel Tyrtée radical a composé cette *Marseillaise* de la « nouvelle couche sociale ». L'idée est que les gens de la vieille couche sont tous des « traîtres », des « hommes sans cœur », des « suppôts du mal », des « assassins », des « saltimbanques sinistres ». Les hommes de la nouvelle couche sont, au contraire, tous des « honnêtes gens ». La chanson demande aux « grands généraux, vétérans de la gloire », ce qu'ils faisaient devant les ennemis.

> S'il vous fallait assassiner vos frères,
> Tas de brigands, vous seriez tous amis.
> Hurrah ! héros qui vendez la patrie,
> Pitres abjects, complices des tyrans,
> Hommes sans foi qui vivez d'infamie,
> Traîtres maudits, place aux honnêtes gens.

Plus loin, c'est le tour du clergé.

. . . .

> Allons, curés, restez dans vos églises
> Et laissez-nous instruire nos enfants.
> Portez ailleurs vos saintes marchandises.
> Ignorantins, place aux honnêtes gens.

Voici pour les « riches banquiers » :

> Riches banquiers, qui fîtes banqueroute,
> Et maintenant insolents, dédaigneux,
> Quand vous voyez un pauvre sur la route,
> Avec mépris vous détournez les yeux ;

De l'ouvrier honnête qui travaille
Vous faites fi, vous qui l'avez leurré ;
Vous le traitez de goujat, de canaille.
Il est sans pain : vous êtes honoré.

Le Père Félix vint ce printemps donner une retraite à la cathédrale de Narbonne : le curé d'Ouveillan alla l'entendre. Le dimanche suivant il s'avisa de répéter à ses paroissiens ce qu'il avait entendu. Le Père Félix avait montré que les trois mots de la devise démocratique : *liberté, égalité, fraternité,* avaient été pris par les républicains à la doctrine évangélique. Il se trouva que deux vieilles femmes qui avaient, paraît-il, à se plaindre du curé, assistaient au sermon. Comprenant mal, elles entendirent que le curé ne parlait pas bien de la République : elles allèrent le dénoncer à la mairie. Les républicains ouveillanais s'assemblèrent et décidèrent que leur curé devait partir. A dix heures du soir, ils allèrent en foule lui signifier cette belle décision. Ils étaient plus de cent cinquante. Le garde champêtre les accompagnait. On frappa à la porte du presbytère. Le curé, mis en défiance par le bruit des voix, ouvre sa fenêtre, et demande ce qu'on lui veut. On lui répond qu' « il ait à partir d'Ouveillan dans les huit jours ». Le curé répond qu'il ne dépend pas de ses paroissiens, fussent-ils républicains, mais de Monseigneur qui est son évêque. — « Nous ne reconnaissons pas Monseigneur, nous sommes le peuple souverain », lui répond un des radicaux. « Oui, oui, nous sommes le peuple souverain », reprend la foule, et elle lui crie en catalan : « *Partiras* », « tu partiras ». La chose paraissait aux républicains d'Ouveillan la plus simple du monde. Le tribunal de Narbonne s'étant mêlé de cette affaire, les radicaux d'Ouveillan ont appelé pour les défendre M° Mie, de Périgueux, l'avocat le plus fameux de la démagogie méridionale. M° Mie a soutenu que les torts étaient du côté du curé. Il y a dans les articles organiques une disposition qui oblige les évêques à prêter serment de dénoncer les ennemis de la République. Voyez un peu à quel point les légistes des pays rouges sont érudits, et comme ils comprennent la séparation de l'Église et de l'État!

De temps en temps le procureur de la République, prévenu d'un désordre plus grave que les autres, agit comme il a agi dans l'affaire du curé d'Ouveillan : mais mille causes embarrassent l'action de la justice et la rendent inefficace. Je ne veux vous communiquer sur ce point qu'une observation qui peint bien l'état des choses. On remarque que les radicaux poursuivis font le plus qu'ils peuvent traîner les poursuites en longueur, et qu'une fois condamnés ils ne manquent jamais de se pourvoir en cassation, même quand leur pourvoi n'a aucune chance. Un gavroche de la pire espèce demandait à son avocat : — « Monsieur, combien cela durera-t-il de temps, si j'en *rappelle* à la cour de cassation? — Mais environ trois mois. — Et bien, alors, faites; d'ici là il y a beaucoup de chance *pour que mes amis soient arrivés aux affaires,* et j'aurai ma grâce sans être entré en prison! » Si M. Gambetta succède à M. Thiers, le nombre de Roussillonnais que son avénement mettra en liberté ou dispensera d'aller en prison est — m'a-t-on dit — considérable.

ONZIÈME LETTRE.

Arles, 17 décembre 1872.

Arles est la seule ville du Midi où le gouvernement ait essayé de tenir tête aux radicaux. Il y a renoncé. Ils en avaient tant fait, après le 4 septembre, que la préfecture des Bouches-du-Rhône se décida l'an dernier, au mois de décembre, à dissoudre la municipalité. Voilà un an qu'Arles était administré par une commission. Puisque les choses en étaient venues à ce point, le gouvernement aurait dû laisser cette commission quelques mois encore. Il a cédé aux obsessions des radicaux, résisté aux prières des conservateurs; les élections municipales ont eu lieu dimanche. Les radicaux l'ont emporté par 3,630 voix sur 3,660 votants. Arles est de nouveau livré, Dieu sait pour combien de temps, à la plus abominable tyrannie.

Arles est affreux pendant l'hiver. L'été, sous la chaude lumière du Midi, cette vieille et sépulcrale ville d'Arles, avec ses rues profondes, entre le canal de Crapone et le Rhône, est une oasis. C'est un peu d'ombre avant les grandes plaines ensoleillées de la Crau et de la Camargue. Par ces temps de pluie et d'inondations, Arles est humide, triste : on se croirait en Picardie ou en Gâtinais, à Montdidier ou à Montargis! Le Rhône, énorme ces derniers jours, aurait envahi la ville si les vieilles fortifications, réparées et restaurées, ne la défendaient. Mais les eaux qui n'entrent pas en torrent pénètrent par mille infiltrations, et le sol de la ville, sur certains points en contre-bas du fleuve, est tout imprégné d'eau. Les rues d'Arles sont très-étroites, sinueuses; les maisons hautes, sombres d'aspect. L'air circule mal, tout plein de brume. L'intérieur des habitations manque tout à fait de confort. Tout y est sombre, froid : on parle du Rhône et des radicaux, des radicaux et du Rhône, et les honnêtes gens consternés s'attendent que la journée de dimanche a ouvert pour eux une ère de persécutions.

Avez-vous quelquefois rencontré à Versailles, dans les corridors de la salle des conférences, ou dans le train d'une heure vingt-cinq minutes, un homme entre deux âges, de taille moyenne, de forme commune, plutôt maigre que gras, pâle, le profil mince, aux manières un peu vulgaires, mais d'aspect pacifique, très-correctement vêtu, cravaté et ganté, répétant de son mieux les considérations de M. Barthélemy Saint-Hilaire sur la République conservatrice? C'est M. Tardieu, le député d'Arles.

A Versailles, M. Tardieu est assez inoffensif; il fait tout ce que l'on doit faire pour dîner chez

M. le président de la République : quand il a cet honneur, il écrit très-longuement le récit de la réception présidentielle à ses amis d'Arles. Il vote ordinairement avec la gauche, mais il affecte une certaine rondeur bourgeoise qui le fait passer pour un bonhomme, un peu prudhomme. Ne vous trompez pas. Ce Tardieu pacifique est du bois avec lequel la prochaine Commune fera nos maîtres. Je vous le donne pour un type fort commun dans le Midi. Par eux-mêmes, ils ne sont rien ; mais ils veulent « faire leur affaire », et pour la faire ils n'épargnent rien. Ils s'accommodaient assez bien de l'Empire. La plupart écrivaient des lettres qu'on a retrouvées dans les archives des préfectures. Les lettres que le citoyen Tardieu a écrites sous « le règne du tyran » au sous-préfet d'Arles ont été publiées : elles n'étaient rien moins que d'un irréconciliable. Avant tout ils veulent être quelque chose ; ils sont radicaux aujourd'hui, ils seront demain ce qu'il faudra. S'ils étaient sûrs que M. Gambetta n'arrivera jamais à la présidence de la République, ils l'abandonneraient sur l'heure.

Le député d'Arles s'appelle à Versailles M. Tardieu. Ici on ne l'appelle que le citoyen Tardieu, ou même, comme son prénom est Augustin, on l'appelle tout court « le citoyen Gustin ». Les amis de « Gustin » racontent que tout jeune il annonçait déjà pour le radicalisme les dispositions qu'il a montrées plus tard. Ces dispositions-là de bonne heure le menèrent loin. On l'embarqua comme mousse à bord d'un navire marchand; de retour à dix-huit ou dix-neuf ans, il s'engagea dans les chasseurs d'Afrique. Quand il sortit du service, il n'était encore que brigadier. Il s'établit dans la Camargue et se mit à élever des bestiaux. Il mena là quelques années une vie fort heureuse, loin des grandeurs et près de ses bœufs. La « Ferrade » est le grand divertissement des Arlésiens. On enferme un jeune taureau dans les arènes : on le poursuit, on le renverse et on lui imprime sur la cuisse avec un fer rouge la marque du propriétaire. « Gustin » était fort connu pour son adresse dans les ferrades arlésiennes. Vous comprenez que tout cela le désignait à la vie politique. Il y est entré le 5 septembre.

Le 5 septembre au matin, on connut à Arles la révolution qui s'était faite la veille à Paris. Immédiatement des groupes se formèrent. La mairie fut envahie, mise à sac : on déchira les meubles ; les portraits des « tyrans » furent mis en pièces. Un conseil municipal avait été élu quelques jours auparavant ; il se composait de vingt-cinq membres. Six pauvres conservateurs se trouvaient en face de dix-neuf radicaux. Les dix-neuf décidèrent qu'il fallait « épurer » le conseil : ils firent savoir aux six qu'ils eussent à ne plus se présenter s'ils ne voulaient pas être expulsés. M. Tardieu s'empara de la mairie et, par délégation de M. Esquiros, installa d'autorité une commission municipale. Alors commença une débauche tragique de sottises de tout genre, d'abus de pouvoir grotesques et de violences odieuses.

Parmi les misérables qui avaient pillé l'hôtel de ville, M. Tardieu en avait remarqué un plus hardi que les autres : dans le premier moment, il avait menacé de l'expulser. Une fois maire, il le nomma chef de la police municipale. Il révoqua en masse, de sa propre autorité, tous les gardes champêtres de la commune. M. Gent, alors préfet des Bouches-du-Rhône, n'était pas très-scrupuleux en fait de légalité. Apprenant les nominations de gardes champêtres qu'avait faites M. Tardieu, il n'eut pas la pensée d'annuler ce qui s'était fait irrégulièrement. On ne procédait pas ainsi sous le gouvernement de la défense nationale; il « pria le maire d'Arles de « régulariser la position des

gardes champêtres qu'il avait nommés de son autorité privée ». M. Tardieu répondit fort lestement au sous-préfet qui transmettait cette prière malencontreuse. Par une délibération en date du 16 septembre, la commission municipale d'Arles, constituée par M. Esquiros, avait décidé « que tous les fonctionnaires payés sur les fonds du budget seraient, s'il y avait lieu, révoqués et remplacés par l'autorité municipale, quels que fussent leurs rapports avec l'autorité supérieure ». Fort de cette décision, M. Tardieu répondit à M. le sous-préfet d'Arles qu' « en entrant en fonctions, il avait eu l'hon-
» neur de déclarer à son prédécesseur, ainsi
» qu'à l'administrateur supérieur des Bouches-
» du-Rhône, que les *dispositions législatives* de
» l'Empire, en ce qui *touche les attributions mu-*
» *nicipales,* étaient incompatibles avec l'indé-
» pendance des communes et devaient être né-
» cessairement modifiées, sinon abrogées, dans

» leur application ». M. Tardieu ajoutait que
« le décret qui enlevait aux administrations
municipales la nomination des gardes champêtres lui avait paru si peu avoir sa raison
d'être, qu'il avait procédé, de sa propre autorité, *à la révocation* des gardes entrés en fonctions sous l'Empire et *pourvu* à leur remplacement ». « Aujourd'hui », — ajoutait le maire
d'Arles dans sa réponse au sous-préfet, —
« aujourd'hui la lettre que vous me faites l'honneur de m'adresser, sous la date du 15 novembre courant, me fait supposer que l'autorité
supérieure a l'intention de faire revivre, en ce
qui touche la nomination des gardes champêtres, les dispositions du décret de 1852. *Je
prends, en conséquence, la liberté de vous faire
observer, monsieur le sous-préfet, que je ne me
considère nullement comme lié par une législation qui, je le répète, a fait son temps, et constitue, sur les attributions municipales, un empié-*

tement qu'il ne me serait pas possible d'accepter. Ce n'est pas en effet, pour le plaisir de dire de vaines paroles, qu'en ma qualité de maire de la République, j'ai exprimé ma volonté ferme de reprendre, au nom de la Commune, toutes les attributions que l'Empire lui avait ravies. »

La distribution des secours à domicile était depuis longtemps confiée, à Arles, aux religieuses de Saint-Vincent de Paul; un bureau de bienfaisance, composé des hommes les plus honorables de la ville, surveillait et contrôlait les Sœurs. Ce bureau de bienfaisance était installé dans une partie d'un vaste et bel hôtel, donné jadis à la ville par un vénérable prêtre, sous la condition qu'il demeurerait affecté aux œuvres de charité qui y étaient installées : c'étaient, avec le bureau de bienfaisance, un orphelinat de jeunes filles, la communauté des Sœurs garde-malades, et une Crèche pour les petits enfants. Ces œuvres tendaient, par des moyens différents, au soulagement des pauvres, avec les ressources de la charité privée ; elles avaient été jusque-là subventionnées par la municipalité, qui les considérait, avec raison, comme des auxiliaires du bureau de bienfaisance, dignes en tout point de ses encouragements et de son appui. Le 8 décembre, le conseil municipal, à l'instigation de M. Tardieu, prit une délibération dans laquelle les services rendus par les Sœurs étaient odieusement méconnus, et ces pauvres filles lâchement calomniées. Le conseil accusait la « coalition cléricolégitimo-bonapartiste » de détourner les ressources destinées aux pauvres.

Les membres du bureau de bienfaisance protestèrent avec indignation contre les accusations dont ils étaient l'objet ; leur administration fonctionnait avec la plus grande régularité ; la liste des pauvres était tenue avec grand soin, et chaque dépense minutieusement contrôlée. Une ignorance absolue ou une insigne mauvaise foi pouvaient seules inspirer l'assertion calomnieuse qui accusait les dames de Saint-Vincent de Paul d'avoir détourné les fonds destinés aux pauvres. Mais il fallait, *per fas et nefas*, expulser du bureau de bienfaisance les religieuses qui le desservaient, et la municipalité, sous l'impulsion de son chef, ne recula devant rien pour atteindre ce but. La retraite des Sœurs entraînait la suppression de la pharmacie du bureau de bienfaisance; cette institution, avec des ressources modiques, distribuait aux pauvres des médicaments qui, achetés chez les pharmaciens, auraient représenté une dépense triple au moins de celle qu'ils imposaient au bureau. Elle entraînait également la renonciation à la donation faite à la ville sous conditions et la perte d'un immeuble dont la valeur n'est pas inférieure à cinquante mille francs. Le conseil, sur les propositions du maire, supprima la pharmacie, renonça à la donation, enjoignit au bureau d'avoir à renvoyer les Sœurs, et ajourna jusqu'à l'exécution de cette injonction le vote de la subvention de dix mille francs annuellement allouée au bureau de bienfaisance. Depuis longtemps les écoles communales étaient confiées aux Frères des écoles chrétiennes et aux Dames de Saint-Charles. Une école laïque avait été cependant fondée pour assurer à tous les pères de famille le choix entre les deux enseignements. Le 16 février, le conseil municipal résolut d' « arracher au plus vite les écoles au joug du fanastime et de la superstition ». La délibération fut rédigée par M. Tardieu. « Il n'était pas possible — disait le conseil municipal — que la démocratie arlésienne, maîtresse du présent, à qui seul appartient l'avenir, laissât plus longtemps, par une indifférence ou une pusillanimité coupable, *aux mains des ennemis séculaires de la raison humaine et de la société civile,* l'œuvre dont ils ont fait depuis vingt ans un si pernicieux usage. C'est à l'aide de cette œuvre : l'instruction du peuple, qu'ils sont parvenus à énerver cette série de générations qui, depuis la fameuse loi Falloux, a subi, sans sourciller, l'humiliante oppression d'un despote inepte ». M. Tardieu déclarait qu' « il était de l'intérêt de la nation française, qu'il était de l'intérêt de la société civile, qu'il était du devoir des démocrates et des Arlésiens, de conférer enfin à des instituteurs laïques, pères de famille, *vrais citoyens, ceux-là,* pénétrés de leurs devoirs et de leurs droits d'hommes libres, la direction de nos écoles, pépinières précieuses que nous ne saurions trop soigner en présence de la quantité innombrable de plantes que nous avons à régénérer..... *Que voulez-vous attendre, en effet, au point de vue intellectuel et moral, de gens dont toute la science consiste à faire des neuvaines en faveur de Henry V, à égrener des chapelets et à vendre de l'eau de la Salette?* » Ces déclarations de M. Tardieu étaient insérées en entier dans la délibération du conseil municipal. Cette délibération fut imprimée aux frais de la « commune », répandue à profusion dans la population. La bibliothèque de la ville était depuis quarante ans administrée par un brave homme qui avait le tort grave aux yeux de la « nouvelle couche sociale » d'être très-instruit et parfaitement honorable : il fut destitué. L'un des édifices les plus curieux d'Arles est le cloître de Saint-Trophime. C'est un des beaux monuments de l'art gothique dans le Midi. Ce cloître avait, depuis trente ans, pour gardien, un pauvre homme qui, blessé par accident dans des travaux entrepris par la ville, trouvait là ses invalides. A force de vivre dans ce cloître, il s'y était attaché, et je vous assure que, expliquées par lui, moitié en français, moitié en provençal, les légendes sculptées aux chapiteaux et aux

colonnes du cloître ont une vraie saveur.
M. Tardieu destitua ce pauvre homme comme
les autres. Le malheureux me racontait l'autre
jour sa misère. Du haut en bas, la mesure
n'épargna personne. Un pauvre employé de la
mairie, chargé du service des inhumations,
reçut de M. Tardieu une lettre ainsi conçue :
« Monsieur, j'ai fait mon possible pour conser-
ver à chacun son emploi. Malheureusement,
aujourd'hui, devant les exigences du parti
républicain qui ne veut pas tolérer les anciens
employés de Bonaparte, je suis obligé de vous
relever de vos fonctions. Veuillez donc céder
votre place au porteur de ces quelques lignes.
J'ai l'honneur de vous saluer. *Le maire d'Arles*,
A. TARDIEU. » Les « croque-morts » étaient-ils
donc coupables d'avoir traité avec plus d'égard
les cercueils des conservateurs que les cercueils
des républicains ? Jamais fourmis, s'emparant
d'un fromage, n'en dévorèrent plus minutieuse-

ment toutes les tranches. Mais quand les premiers solliciteurs furent en possession, il en arriva une « seconde » couche : ce fut alors que les démocrates arlésiens entrevirent comme une radieuse promesse l'avénement de la Commune. M. Tardieu avait déjà ouvert aux appétits des perspectives nouvelles. La proclamation que le maire d'Arles adressait le 20 septembre à la population se terminait par ces mots : « que les *riches* se souviennent que le peuple n'a que du sang et qu'il le prodigue. » Au mois d'octobre 1870, la municipalité d'Arles avait accueilli avec transport l'idée de la ligue du Midi. Au mois d'avril, quand les Arlésiens purent croire que la Commune allait triompher à Paris, ils ne se sentirent plus de joie. Le conseil municipal envoya à « l'Assemblée de Versailles » une adresse outrageuse. Le Président de la République n'était pas mieux traité alors par M. Tardieu et ses amis que l'Assemblée nationale. La municipalité d'Arles sommait le gouvernement de cesser la lutte. Les élections municipales eurent lieu le 30 avril, sous l'empire d'une véritable terreur. Aux élections d'août 1870, six conservateurs avaient passé, ils furent remplacés par six radicaux. Ainsi complétée et fortifiée, la municipalité radicale ne connut plus de mesure. On se rappelle dans quelles circonstances devait se tenir à Lyon, le 14 mai, le congrès des municipalités républicaines. Malgré la déclaration publique du gouvernement qui qualifiait le congrès « *d'usurpation, d'acte de révolte contre la loi, et d'attentat contre la France et contre l'unité nationale* », deux délégués de la commune d'Arles se rendirent à Lyon. L'un des délégués était le plus chaud partisan de M. Tardieu. Il se nommait Émile Martin.

Cet Émile Martin est ici un personnage important. Figurez-vous un petit homme grêle,

mince, perché sur des bottes aux talons très-élevés, et couvert par un immense chapeau de feutre! Encadrez une figure pâlotte et chafouine entre deux énormes favoris noirs! Faites de cela un avocat beau parleur, infatigable écrivassier, très-actif, toujours en l'air, et vous aurez une image assez juste de Me Émile Martin. Aujourd'hui le plus acharné des radicaux, il était, sous l'Empire, en coquetterie avec les conservateurs. Il écrivait, en 1867, au maire d'Arles :
« J'ai encore bien peu d'expérience, mais le
» peu que j'en ai m'a permis de reconnaître
» qu'il arrive parfois que ceux qui, en face
» du peuple, se plaignent si hautement de ce
» que le peuple est opprimé, ne le font que pour
» retenir une popularité qui leur échappe. Ils
» poussent de grands cris et semblent dire à
» leurs concitoyens : « *Mais voyez donc comme*
» *je me suis sacrifié pour vous* », et leurs con-
» citoyens doivent rire et les comparer à Don

» Quichotte. C'est, à mon sens, le seul honneu
» qu'on puisse faire à ces faux libéraux. » Ce
coquetteries n'ayant pas réussi, M. Émile Mar
tin était, au 4 septembre, sans emploi politique
il ne pouvait être moins que sous-préfet. Il l
fut, et son administration a laissé à Arles et
Aix des souvenirs ineffaçables. Révoqué quan
M. Gambetta tomba, il représenta à Lyon, a
Congrès des municipalités républicaines, l
commune d'Arles.

On sait ce que le Congrès décida : la cessatio
des hostilités, la dissolution de l'Assemblé
nationale, etc. « Dans le cas où ces résolution
» seraient repoussées par l'Assemblée ou par l
» Commune, les délégués rendaient responsabl
» devant la nation souveraine celui des deu
» combattants qui refuserait et menacerait ains
» de donner à la guerre civile de nouveaux ali-
» ments. » Le compte rendu du Congrès de
Lyon fut publié par le *Patriote*, journal officieu

de la municipalité d'Arles. L'un des deux signataires du compte rendu était M. Émile Martin. Les dispositions de la municipalité n'avaient rien de douteux. Sur tous les murs de la ville étaient affichés, sans que la municipalité y fît obstacle, les placards de la Commune de Paris comme ceux du comité insurrectionnel de Marseille. Le gouvernement nomma, conformément à la loi, le maire et les adjoints d'Arles parmi les membres du conseil municipal. Le maire nommé fut M. Tardieu. MM. Émile Fassin et Jacques Martin furent désignés comme adjoints. Le *Journal officiel* qui apportait ces nominations fut à peine arrivé à Arles que de vives protestations s'élevèrent : « A quoi pensait-on à Versailles ? La loi confie au gouvernement la nomination des maires et adjoints dans les villes de plus de six mille âmes et les chefs-lieux d'arrondissement, mais une loi faite par les *gens de Versailles* peut-elle porter atteinte aux prérogatives de la

Commune? » Le conseil municipal s'assembla quelques heures après. MM. Fassin et Martin, les deux adjoints nommés, protestèrent contre la nomination. Ces deux citoyens déclarèrent qu'ils ne voulaient pas tenir du gouvernement leurs pouvoirs d'adjoints. Ils n'accepteraient ces fonctions que si elles leur étaient conférées par le conseil. M. Tardieu tint un langage analogue : il déclara que lui, maire du 4 septembre, « ne saurait accepter de nouvelles fonctions de » maire de la ville d'Arles, à moins que ces » fonctions ne lui fussent conférées par un vote » de ses collègues. » Par une délibération solennelle, le conseil municipal s'associa à ces sentiments, et émit le vœu que l'autorité supérieure voulût bien en tenir compte désormais. Cette démonstration ne suffit pas. Le conseil municipal modifia de sa propre autorité la composition de la municipalité instituée par le gouvernement, et conféra le titre d'adjoint à un conseiller, M. Teissier. Celui-ci, sans aucun mandat du gouvernement, remplit les fonctions d'officier de l'état civil. Le préfet des Bouches-du-Rhône s'émut de la délibération séditieuse du conseil municipal d'Arles. Il somma M. Tardieu et ses amis de se rétracter. La délibération avait été publiée avec grand éclat dans le *Patriote* du 21 mai. La rétractation imposée par la préfecture fut tenue parfaitement secrète.

Nulle part peut-être, même dans le Midi, les théories au nom desquelles s'est élevée en mars 1871 la « Commune » de Paris n'ont été appliquées plus ouvertement et plus obstinément que par les radicaux d'Arles. Or, c'est cette municipalité, pendant quinze mois en révolte déclarée contre les lois, l'ordre public et la paix sociale, qui vient d'être réélue à l'unanimité dimanche. Voilà où aboutit ici la « République conservatrice »! Voilà le beau résultat de la politique présidentielle! Voilà le prix des complaisances témoignées à M. Tardieu et à ses amis! Le jour où l'arrêté annonçant les élections a été publié, les agents de police ont été outragés, et un prêtre qui conduisait un convoi au cimetière a été menacé. C'était le début. Si les conservateurs d'Arles sont dimanche demeurés chez eux et n'ont pas osé aller aux élections, ne vous hâtez pas de les condamner : je vous dirai à quel sentiment ils ont obéi.

DOUZIÈME LETTRE.

Arles, 24 décembre 1872.

Quand, en descendant du chemin de fer, je suis entré à Arles l'autre jour, les vieilles fortifications, encore bien solides et d'aspect vénérable, m'ont frappé. Il y a en face de la station une porte ancienne entre deux grosses tours. C'est la porte de la Cavalerie. Sur l'une des tours, on lit cette inscription fraîchement peinte : « Citoyen, respecte les propriétés et les productions d'autrui : elles sont le fruit de son travail et de son industrie. » Comme on voit bien en lisant cela qu'Arles est une ville radicale! Partout ailleurs, ce sage et débonnaire avertissement paraîtrait assez inutile : ici, me dit-on, il n'est pas superflu. La distinction du tien et du mien est considérée comme un vieux préjugé monarchique par les esprits vraiment libres du parti radical. Nous ne connaissons guère à Paris que les théories du radicalisme. La liquidation sociale ne nous apparaît que comme une proposition plus ou moins spéculative; ici les représentants de la « nouvelle couche sociale » sont gens pratiques; ils entendent bien, dès que « la vraie République » sera proclamée, procéder sans tarder à une répartition plus équitable de la propriété. Telles dispositions du Code pénal sont un obstacle à la réalisation de ce dessein; mais le Code pénal, fait en 1810 par le premier Empire, revisé en 1867 sous le second, est, dans beaucoup de ses parties, un de ces monuments d'ancien régime qu'il faudra jeter à bas. En attendant la destruction définitive, on arrache çà et là quelque morceau de l'édifice. En avril 1871, les radicaux d'Arles et de Tarascon purent croire que l'ère des grandes réformes allait enfin s'ouvrir. Les malheureux! ils ne surent pas profiter de l'occasion qui s'offrait. Aujourd'hui l'armée est réorganisée, le général Espivent de la Villeboisnet est à Marseille, le colonel Guillemin à Tarascon. On ne peut rien faire; mais au mois de mars 1871 l'armée était, ou encore en captivité, ou occupée autour de Paris. J'entendais l'autre jour à Tarascon des conservateurs qui, parlant des radicaux de l'endroit, les désignaient sous un nom assez étrange : « Les *manco-coo* ont dit cela..... les *manco-coo* ont fait ceci. » Je m'informai, comme bien vous pensez. On m'apprit que les *manco-coo* (prononcez : mancou-cou) sont, en langue provençale, ceux qui ont *manqué* leur *coup*. C'est le cas des radicaux qui n'ont pas su profiter des complications du printemps de 1871 pour « faire leur affaire ». Ils se consolent dans la pensée qu'aux élections générales ils triompheront. Si les choses continuent à aller comme elles vont, ce triomphe n'est pas douteux. Les élections municipales du 15 décembre sont un prélude assez grave. Vous me demandez pourquoi les conservateurs arlésiens ont laissé dans ces élections le champ libre aux radicaux. Je vous ai raconté l'autre jour comment, du mois de septembre 1870 au mois de décembre 1871, la municipalité d'Arles fut en révolte ouverte contre la préfecture des Bouches-du-Rhône : M. Tardieu et ses amis élevaient très-haut la prétention que toute municipalité en général, mais la municipalité républicaine d'Arles en particulier avait le droit de gouverner « la commune » sans autre règle que les convenances de la municipalité elle-même et sans subir le contrôle de l'administration supérieure. L'application de cette belle doctrine mène loin. Tantôt la municipalité voulait établir son budget d'une manière que la préfecture ne pouvait approuver ; tantôt le maire publiait dans le journal arlésien *le Forum* des notes contre le receveur municipal, et la préfecture devait intervenir pour protéger le malheureux receveur. Ce que je ne vous ai pas dit, c'est à quelles épreuves les malheureux conservateurs d'Arles étaient exposés pendant la lutte engagée ainsi entre la municipalité et la préfecture. Tous les soirs, des bandes se formaient qui parcouraient la ville en poussant des cris de haine et de menace. Une maison était-elle connue pour servir d'habitation à un « monarchiste », les bandes s'y rendaient, et là, jusqu'au milieu de la nuit, chantaient une chanson dont le refrain vous fera deviner le caractère :

> A bas le drapeou blan !
> Henri cinq enve sa clico
> Li carliste il pendran.
> Vivo la républico !

La Ligue du Midi, à laquelle la municipalité d'Arles adhérait avec tant d'ardeur et d'éclat, était formée au moins autant contre les conservateurs que contre les Prussiens. Le *Peuple* déclarait qu'il ne doutait pas que les délégués de la Ligue du Midi ne sussent au besoin prendre des mesures aussi énergiques contre « les traîtres de l'intérieur » que contre les ennemis du dehors. C'était le langage que tenaient déjà en 1792 les amis de Jourdan-Coupe-tête.

L'armée était particulièrement odieuse aux « manco-coo » arlésiens. En 1871, l'anniversaire du 4 septembre, malgré la défense du gouvernement, fut célébré, ici comme dans tout le département, par des réjouissances publiques. Le 6ᵉ bataillon de chasseurs à pied a son dépôt à Arles. C'est un des bataillons qui, en avril 1871, se sont distingués contre les insurgés de Marseille. Les radicaux d'Arles gardent rancune aux chasseurs du 6ᵉ bataillon, comme les radicaux de Narbonne aux chasseurs du 27ᵉ bataillon. Le soir du 4 septembre, le commandant de place et avec lui deux officiers étaient dans un café sur la place du Forum. On leur tira dans les jambes des serpenteaux. Ils crurent d'abord que c'était par inadvertance; ils se disposaient à se retirer. Tout à coup, un énergumène s'approcha du capitaine commandant, et lui fit partir à bout portant et en pleine figure une sorte de fusée. L'officier se leva, s'avança vers l'auteur de cette agression. Immédiatement la foule se précipita sur le malheureux. Il voulut tirer son sabre : on le lui arracha. Le fourreau fut tordu dans la lutte. Les officiers qui étaient là eurent grand'peine à le dégager des étreintes de plus en plus redoutables d'un peuple ameuté et excité. On fit entrer le commandant dans un café; puis on ferma les portes. Il ne put qu'à grand'peine échapper par une issue secrète, tandis que la foule menaçait avec des hurlements d'envahir la maison pour y chercher sa victime.

Pendant tout le temps que la municipalité fut aux mains des radicaux, les « monarchistes » ne sortaient pas de chez eux, dans la crainte d'être pris et pendus. Attaqués, qui les eût protégés ? Le chef de la police municipale et les agents de cette police avaient été choisis parmi les pires démagogues de la ville. L'un d'eux a été condamné en police correctionnelle pour je ne sais quel délit. A chaque instant les propriétés des « monarchistes » étaient menacées. L'autre jour, quand l'inondation commença de menacer les digues en aval et en amont de la petite ville de..., les conservateurs de l'endroit conçurent une vive appréhension. Mais ce n'était pas le Rhône tout seul qu'ils redoutaient. La municipalité avait placé dans les garde-chaussées tant de radicaux ! On se demandait si, chargés de protéger les propriétés, ils n'allaient pas pactiser avec le fleuve et laisser pénétrer l'eau. C'était sans doute un soupçon téméraire : on n'en alla pas moins prévenir officieusement le colonel qui commande la place, et les surveillants du fleuve furent surveillés.

Ce qui, l'an dernier, faisait trembler les honnêtes gens, c'était de savoir les radicaux très-bien armés. La ville d'Arles avait, pendant la guerre, acheté des carabines pour les mobilisés. La guerre terminée et les mobilisés rentrés chez eux, les carabines avaient été confiées aux gardes nationaux arlésiens. Dieu sait l'usage qu'ils voulaient en faire! Le 27 novembre 1871, le préfet des Bouches-du-Rhône, conformément à la loi rendue par l'Assemblée, ordonna le désarmement. Il envoya cinquante gendarmes pour assurer l'exécution de l'arrêté préfectoral. L'arrivée des gendarmes causa aux radicaux une mauvaise humeur qu'ils ne dissimulèrent pas. M. Tardieu, dans une proclamation qu'il adressa à ses administrés, laissa voir qu'il partageait leur sentiment à l'égard de la gendarmerie. Il en écrivit même au sous-préfet. Celui-ci, M. de Lassuchette, répondit très-sensément à M. Tardieu que « la présence de gendarmes dans une ville n'avait jamais été une cause d'effroi pour les honnêtes gens ». Les choses en étaient arrivées à un point au delà duquel il n'y avait plus pour la municipalité qu'à se mettre en insurrection. M. Tardieu répondit au sous-préfet sur un ton tout à fait radical. M. de Kératry, informé, manda par dépêche M. Tardieu à Marseille. M. Tardieu, au lieu de répondre, envoya sa démission et celle de tous les conseillers municipaux. Vingt jours après, M. de Kératry suspendait le conseil municipal et nommait une commission administrative. C'est ce conseil dont le dimanche 15 décembre tous les membres viennent d'être réélus. Vous voyez que ces élections donnent à penser.

Ce ne fut pas chose facile que de trouver parmi les conservateurs assez d'hommes résolus pour faire partie de la commission administrative. C'était se désigner soi-même aux représailles du parti radical. M. de Kératry en trouva cependant. Après une longue insistance, un honorable avocat de cette ville, M. Remacle, homme à la fois actif et modéré, chose rare partout, dans le Midi plus qu'ailleurs, accepta d'être maire. Avec lui, quelques habitants d'Arles estimés par tous les honnêtes gens, haïs par les radicaux, formèrent la commission administrative. Que promit M. de Kératry pour décider M. Remacle et ses amis? On assure ici que M. le préfet des Bouches-du-Rhône s'engagea à laisser la commission administrative en fonctions jusqu'à ce que les élections générales eussent lieu. Les conservateurs qui acceptaient ainsi la mission de réparer les désordres accomplis par les radicaux estimaient qu'il ne leur fallait pas moins de temps. Ce pacte fut-il vraiment conclu? Les conservateurs de la commission administrative l'affirment, et quand, au commencement de ce mois, ils ont su que les élections auraient lieu le 16 décembre, ils ont crié à la trahison. Ce qui est certain, c'est que les hommes d'ordre qui, en décembre 1871, acceptaient d'entrer dans la commission municipale et de s'engager par là dans une lutte contre les radicaux, comptaient être soutenus par le pouvoir et qu'ils ne l'ont pas été. La dissolution du conseil municipal d'Arles fut un acte de fermeté, aussitôt suivi, atténué, corrigé, couvert, racheté par une suite indéfinie d'actes de faiblesse. On m'a fait, ces jours-ci, un tableau piquant et qui m'a paru exact des rapports entre les fonctionnaires de l'administration départementale et le pouvoir central. C'est l'histoire d'un sous-préfet de..... Je pourrais mettre ici le nom de n'importe quelle sous-préfecture. Les sous-préfets sont, paraît-il, tous dans le même cas. Celui de..... fut prévenu que, dans un café de son chef-lieu d'arrondissement, se tenait tous les soirs un conciliabule radical. Ce café s'appelait le Café National. Les images de Gambetta et de Garibaldi inspiraient les orateurs, qui déblatéraient à gueule que veux-tu? contre les gens de Versailles, et n'épargnaient pas M. le Président de la République. Ces choses-là sont permises dans la vie privée, et M. le sous-préfet n'avait qu'à les souffrir. Mais un jour, les députés radicaux du département, étant en tournée, s'arrêtèrent au Café National, où leurs amis s'étaient donné rendez-vous. Grande réunion, grands embrassements, grands discours, grand enthousiasme. Le temps est chaud, on ouvre les fenêtres. Au bruit qui se fait, de tous les bouts de la ville les radicaux et les curieux arrivent. Voilà quatre, cinq, sept cents personnes; et au milieu de la rue toute une réunion publique, où l'on pétitionne contre l'Assemblée. Le sous-préfet, qui avait déjà, dans deux ou trois occasions pareilles, prévenu le cafetier, obtient cette fois du préfet la fermeture du café. Voilà le café fermé. La feuille radicale jette les hauts cris. On n'a vu pareille oppression ni sous l'Empire, ni sous la Restauration; et, à la fin de l'article, ces mots mystérieux : « Les choses ne se passeront pas ainsi. » Le maire de la ville est député du département : il siége à la gauche. On lui écrit « que les *monarchistes* ont obtenu la fermeture du Café National ; que cette mesure inquiète le pays et fait douter de la *volonté républicaine* du Président. » Avec cette lettre, le maire de X... va voir M. Barthélemy Saint-Hilaire : ils se connaissent de vieille date ; avant d'être collègues, ils étaient amis : ils le sont davantage aujourd'hui. Ce n'est point dans l'intérêt du « Café National » que le maire réclame près du secrétaire de la présidence ; c'est dans l'intérêt de M. Thiers. Les républicains de... sont pleins de dévouement au Président, à la politique du Président, mais ils veulent être assurés que M. Thiers leur gardera la République. Or, la fermeture du « Café National » a causé uue telle joie aux monarchistes, que les républicains de..... ont dû concevoir des appréhensions. M. le maire de..... vient verser dans le cœur de M. Barthélemy Saint-Hilaire la confidence de ces appréhensions. Le cœur républicain de M. Barthélemy Saint-Hilaire répond que l'attention de M. Thiers sera appelée sur cette affaire, et qu'on demandera, s'il y a lieu, des explications au préfet. Voilà qui est pour le mieux. Les radicaux de..... reçoivent de leur député une dépêche ainsi conçue : « *Vu Saint-Hilaire; excellent accueil; bonne promesse; réouverture du café probable ; précipitation préfectorale sévèrement blâmée. Confiance et modération.* » Cette dépêche cause à X..... les émotions les plus diverses. Les radicaux de l'endroit sont enchantés ; si le café est rouvert, ce sera plus heureux que s'il n'avait pas été fermé. Le sous-préfet, qui a eu le premier connaissance de la dépêche par une communication officieuse de l'administration du télégraphe, se demande s'il n'a pas été un peu vite. Le bruit court déjà dans la ville que le préfet pourrait bien « sauter ». Quelques jours se passent. Rien n'est venu de Paris, rien n'est venu du chef-lieu. Tout à coup le préfet écrit au sous-préfet pour lui demander une note très-complète qui relate les faits à l'occasion desquels le café a été fermé et justifie la mesure prise. La lettre préfectorale est sèche. M. le sous-préfet commence à croire qu'il n'a pas agi avec assez de réserve. Il écrit une note dans laquelle il énumère longuement les motifs de la fermeture du café. Ces motifs sont les plus graves du monde.

Les choses en sont là, quand le correspondant qui de Paris écrit au journal radical de

X... lui apprend que le maire a dîné chez M. le Président de la République, et qu'après dîner « il l'a entretenu des affaires de la ville ». Le numéro du journal qui publie cette correspondance est à peine imprimé qu'on l'apporte au sous-préfet. M. X... a dîné chez M. Thiers! il lui a parlé des affaires de la ville! Mais n'y a-t-il pour la ville qu'une affaire : la fermeture du Café National?... Le sous-préfet commence à être très-ému. Le journal radical publie une petite note d'un laconisme terrible : « Le jour » où le Café National a été fermé, nous avons » déclaré à la coalition légitimo-bonaparto-mo- » narchique que les choses ne se passeraient » pas ainsi; aujourd'hui, nous ne pouvons que » répéter ce que nous avons dit alors : *Non, les* » *choses ne se passeront pas ainsi.* » Que veulent dire ces mots : « Les choses ne se passeront pas ainsi? » La ville les commente : la mine des conservateurs s'allonge, la figure des radicaux rayonne, le sous-préfet n'en dort pas. Les huit mots en italique du journal radical, c'est pour lui le *Mané, Thécel, Pharès*. Il reconnaît que décidément il a commis une lourde maladresse en fermant le Café National; mais, puisque la faute est faite, il faut tenir bon. Reculer serait perdre tout crédit. Ce serait un déshonneur, et un déshonneur gratuit. Il en est là de ses réflexions, quand il reçoit de la préfecture une lettre par laquelle on lui recommande de faire venir le cafetier. Le cafetier venu, le sous-préfet devra lui expliquer que la fermeture de son établissement a été une mesure toute temporaire; que l'administration est très-disposée à accorder la réouverture si on la lui demande, et finalement il l'accordera, quand même on ne la lui demanderait pas. Le sous-préfet se conforme aux instructions préfectorales : il n'a qu'une crainte, c'est que le cafetier, dont les affaires n'allaient pas bien, ne veuille pas reprendre son petit commerce. Le bruit en a couru. Heureusement que le cafetier ne se doute pas de tout l'avantage qu'il aurait s'il voulait se venger du sous-préfet. Le Café National s'est rouvert; il s'est rouvert avec éclat : le journal radical a publié une note dans laquelle il a annoncé que la mesure prise par l'administration locale avait été en haut lieu blâmée comme elle devait l'être; et le sous-préfet?... il a juré, mais un peu tard, qu'on ne l'y prendrait plus. Tous les radicaux du Midi peuvent établir un stock de pétrole au Café National, il les laissera en paix! Au mois de septembre dernier ce sous-préfet a reçu deux dépêches de son préfet. L'une l'instruisait de ce qu'il aurait à faire si un pèlerinage s'organisait dans son arrondissement. Il lui était recommandé d'assurer la liberté des pèlerins, mais « si le moindre emblème religieux était exhibé, vous devrez, — ajoutait le préfet, — le faire *enlever immédiatement, et, s'il y a résistance, par la force.* » L'autre dépêche, quelques jour avant le 21 septembre, prévoyait le cas où le républicains de l'endroit se disposeraient à célébrer l'anniversaire de 1792 et voudraient promener « une Marianne » au milieu d'un trophée d drapeaux rouges; en ce cas, — ajoutait le préfet, *usez de toute votre influence pour obtenir d la sagesse du parti républicain qu'il renonce à un démonstration véritablement contraire à ses intérêts* ». La rédaction si différente de ces deux dépêches vous expliquera comment un trop grand nombre de préfets entendent et pratiquent la politique présidentielle. Comprenez vous maintenant pourquoi dans les pays rouges — à Arles et ailleurs, — les conservateurs restent chez eux, et les radicaux sont triomphants ?

TABLE DES MATIÈRES.

	Pages
Première lettre. Bollène (Vaucluse)	5
Deuxième lettre. Avignon (Vaucluse)	21
Troisième lettre. Marseille (Bouches-du-Rhône)	37
Quatrième lettre. Carpentras (Vaucluse)	53
Cinquième lettre. Saint-Mandrier, près de Toulon (Var)	71
Sixième lettre. Toulon (Var)	89
Septième lettre. Le Luc (Var)	103
Huitième lettre. Fréjus (Var)	125
Neuvième lettre. Perpignan (Pyrénées-Orientales)	143
Dixième lettre. Perpignan (Pyrénées-Orientales)	161
Onzième lettre. Arles (Bouches du Rhône)	185
Douzième lettre. Arles (Bouches du Rhône)	209

www.ingramcontent.com/pod-product-compliance
Lightning Source LLC
Chambersburg PA
CBHW051900160426
43198CB00012B/1680